hito*yume book

「深い学び」を実現する

# カリキュラム・マネジメント

國學院大學教授
田村 学

文溪堂

今回の学習指導要領の改訂は、「社会に開かれた教育課程」の考え方のもと、「資質・能力」の育成を目指す取り組みです。

大きな意識改革と高い志をもち、「資質・能力」を前面に出した大改訂をしてきたわけです。

育成を目指す資質・能力の三つの柱で全ての教科等を整理することができたのは、とても大きな成果と言えるでしょう。

しかしながら、全てが全て整っているかというと、そうとばかりは言い切れないかもしれません。

個人的には、気になっているところが二つあります。

一つは「見方・考え方」についてです。

今後さらに議論が進み、意味が確かになるでしょうが、現状では、その途上にいるように感じています。

もう一つが「カリキュラム・マネジメント」についてです。

「カリキュラム・マネジメント」については、重要なキーワードとして、総則にも示されているわけですが、まだまだ具体が明確になっていない、という気がします。

「困ったら『カリキュラム・マネジメント』で解決。でも、実際にはどうしていいのか？」といった状況にもあると感じています。

本書では、「『カリキュラム・マネジメント』って何をするの？」との問いに対して、私なりに「こんなふうにしたらどうか」という考えをお伝えしていきたいと思います。

「カリキュラム・マネジメント」は、「子どもたち一人ひとりの豊かな学びのため」に行うわけですから、そこのところをしっかりと押さえて考えていきたいと思っています。

そもそも、「カリキュラム・マネジメント」という言葉は、学校経営に関する PDCAサイクルの考えの定着に伴い、これまでも使われていました。

言葉の響きから、なんとなくイメージでき、なんとなく浸透し、なんとなく理解されていたところはないでしょうか。

もちろん「カリキュラム・マネジメント」に対する確かな理解と見識をもった方も多くいるはずです。今回の学習指導要領の改訂以前から「カリキュラム・マネジメント」に取り組んでいた地域も見られます。

ですが一方で、「カリキュラム・マネジメント」の必要感を感じつつも、いまひとつ実際の取り組みに踏み込めていない人が多いのも事実ではないでしょうか。

踏み込めないのはなぜか?

やはり「カリキュラム・マネジメント」の具体が、明らかになっていないことが大きな要因ではないかと考えることができます。

ずばり「『カリキュラム・マネジメント』って何？」と聞かれたら。
あなたなら何と答えますか？
どの程度、明確に答えることができるでしょうか。

どうすれば「資質・能力」が育成されるカリキュラムを組むこと（デザインすること）ができるのか、どのような点に配慮してカリキュラムをマネジメントすれば「資質・能力」が育成されるのか、どうすれば「深い学び」の実現につなげることができるのか・・・。

本書では、「カリキュラム・マネジメント」をできる限り具体的に考えてみたいと思います。

もくじ

# カリキュラム・マネジメントを考える
# その前に

## 新しい学習指導要領において期待される学び

目の前の子どもたちが活躍するであろう２０３０年の近未来では、想像以上の大きな変化が待ち受けています。

日常の暮らしの中に人工知能（ＡＩ）などが普及する社会においては、ただ一方的に知識を教えるだけの教育を行っていても期待される人材を育成することはできません。

知識の習得はもちろん重要ではあるものの、身の回りに生じる様々な問題に自ら立ち向かい、その解決に向けて異なる多様な他者と協働し、力を合わせながら、それぞれの状況に応じて、最適な解決方法を探り出していく力をもった人材こそが求められています。

様々な知識や情報を「活用・発揮」しながら自分の考えを形成したり、新しいアイディアを創造したりする力をもった人材が求められていると言えるでしょう。

変化の激しい社会の中では、子どもたち一人ひとりに「何ができるようになるか」

が大切になってきます。

これまでは、暗記と再生を中心とし、より多く、より長く記憶にとどめることこそが優れて優秀と考えられる価値観がありました。

むしろこれからは、考えることや発信することを中心とし、**より積極的に課題に立ち向かい、より多様な関わりを通して課題を解決していく姿**が期待され、求められているわけです。

こうした社会の変化を見据えることのみならず、子どもの実態からも、21世紀型の実社会で活用できる学力を育成することが急務となっています。

そのためにも教師中心の学びから学習者中心の学びへ…自ら学び、共に学ぶ子どもを育てることに目を向ける必要があります。

**これからの学校教育は、実社会で活用できる学力を育成することが最重要のポイント**として浮かび上がっています。まずは、このことをしっかり押さえていきたいと思います。

## 学習指導要領の改訂から見えること

今回の学習指導要領の改訂では「何ができるようになるか」を議論の中心に置いてきました。

もちろん「何を学ぶか」という学習内容も重要ではありますが、「何ができるようになるか」に大きく光を当てたときに、「どのように学ぶか」といった日々の授業、教育活動の充実が求められるようになったわけです。

プロローグで示した通り、今改訂の重要なキーワードに「社会に開かれた教育課程」があります。

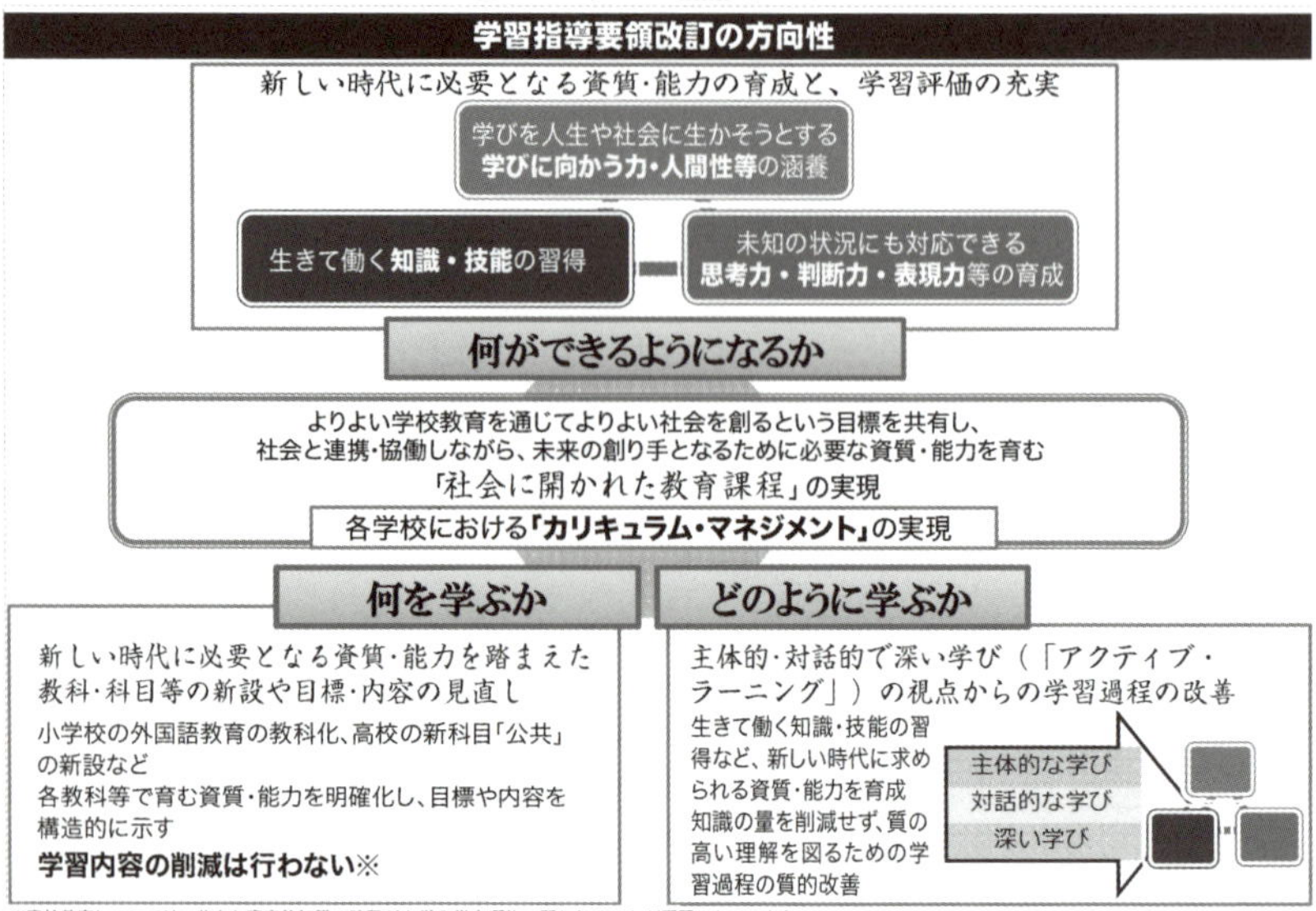

学習指導要領改訂の方向性
新しい時代に必要となる資質・能力の育成と、学習評価の充実
学びを人生や社会に生かそうとする
学びに向かう力・人間性等の涵養
生きて働く知識・技能の習得
未知の状況にも対応できる
思考力・判断力・表現力等の育成
何ができるようになるか
よりよい学校教育を通じてよりよい社会を創るという目標を共有し、
社会と連携・協働しながら、未来の創り手となるために必要な資質・能力を育む
「社会に開かれた教育課程」の実現
各学校における「カリキュラム・マネジメント」の実現
何を学ぶか
どのように学ぶか
新しい時代に必要となる資質・能力を踏まえた教科・科目等の新設や目標・内容の見直し
小学校の外国語教育の教科化、高校の新科目「公共」の新設など
各教科等で育む資質・能力を明確化し、目標や内容を構造的に示す
学習内容の削減は行わない※
主体的・対話的で深い学び（「アクティブ・ラーニング」）の視点からの学習過程の改善
生きて働く知識・技能の習得など、新しい時代に求められる資質・能力を育成
知識の量を削減せず、質の高い理解を図るための学習過程の質的改善
主体的な学び
対話的な学び
深い学び


※高校教育については、些末な事実的知識の暗記が大学入学者選抜で問われることが課題になっており、そうした点を克服するため、重要用語の整理等を含めた高大接続改革等を進める。

中央教育審議会答申（平成28年12月21日）より

この「社会に開かれた教育課程」については、大きな意味が込められており、下のように記されています。

一つ目は「社会と共有する」。

これから子どもたちにはどんな資質・能力を育てなければいけないのかを社会とともに見定めるということでしょう。

二つ目は、その資質・能力を明確にしておかなければいけない。

三つ目は、明確にされた資質・能力を共有し、社会と連携しながら実現していこうということです。

## <社会に開かれた教育課程>

① 社会や世界の状況を幅広く視野に入れ、よりよい学校教育を通じてよりよい社会を創るという目標を持ち、教育課程を介してその目標を社会と共有していくこと。

② これからの社会を創り出していく子供たちが、社会や世界に向き合い関わり合い、自らの人生を切り拓いていくために求められる資質・能力とは何かを、教育課程において明確化し育んでいくこと。

③ 教育課程の実施に当たって、地域の人的・物的資源を活用したり、放課後や土曜日等を活用した社会教育との連携を図ったりし、学校教育を学校内に閉じずに、その目指すところを社会と共有・連携しながら実現させること。

中央教育審議会答申（平成 28 年 12 月 21 日）より（下線は筆者）

「共有」「明確」「連携」といったキーワードを押さえておくと、より一層イメージが明らかになるのではないか、と思います。

このような**「社会に開かれた教育課程」を考える際の鍵となるものが、「資質・能力」**ということになります。

この「資質・能力」を育てるには、「どのように学ぶか」がきわめて大切になってくるわけです。ここに**「主体的・対話的で深い学び」、あるいはアクティブ・ラーニングというキーワードが出てくる、**ということになります。

「資質・能力」の育成がゴールとしての大きな目標になるわけですが、そのためには、一人ひとりの子どもたちに、「主体的・対話的で深い学び」をしてほしいということです。

ここからは、この最大のポイントである「主体的・対話的で深い学び」にぐっとフォーカスして考えていくことにしましょう。

## 主体的・対話的で深い学び

「主体的・対話的で深い学び」については、5、6年ほど前、イギリスのマンチェスターで現地の教育委員会の方と話をしたときのことが思い出されます。

彼らは**「子どもに何を教えるかではなく、子どもがどのように学ぶかだ」**とコメントしていました。

つまり、「どのように学ぶか」は、日本に固有な日本だけの課題ではなくて、世界のトレンドとして、その方向に向かっている、ということだと思います。と同時に、この大きなトレンドのおそらく先頭グループを日本の教育は走っているのだと思います。

「知識及び技能」、そして「思考力、判断力、表現力等」、「学びに向かう力、人間性等」。このような「資質・能力」を子どもたち一人ひとりが確かな形で身に付ける…これが今回の学習指導要領の目指している方向性になります。

したがって、今回の学習指導要領では、各教科等の目標も、それぞれこの三つで整理され示されました。

## 育成を目指す資質・能力の三つの柱

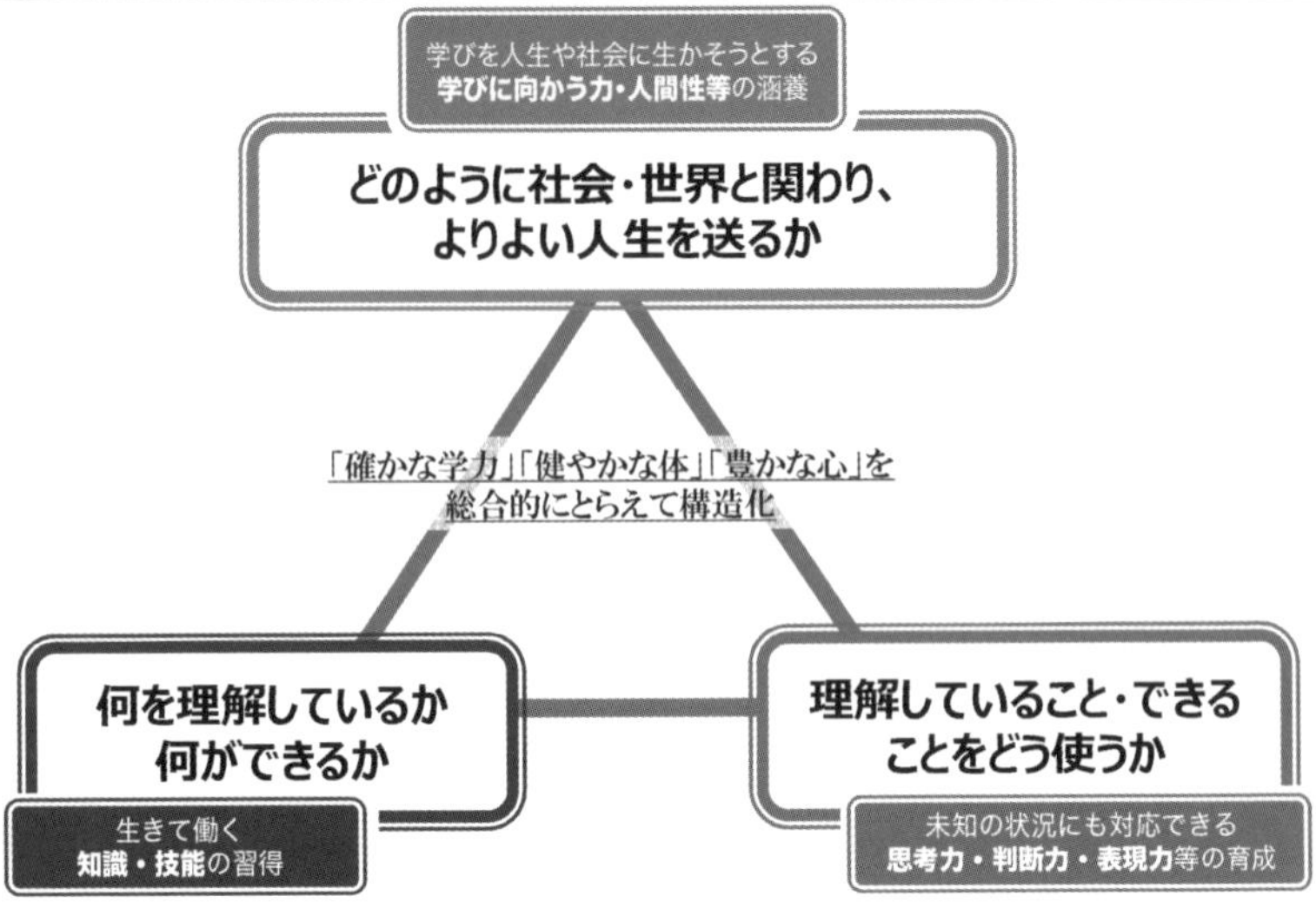


中央教育審議会答申（平成28年12月21日）より

教科目標の構成は全ての教科等が同じ表現の様式です。

リード文があって、(1)、(2)、(3)となっています。

(1)が「知識及び技能」、(2)が「思考力、判断力、表現力等」、(3)が「学びに向かう力、人間性等」です。

目標は全ての教科等で統一されていますが、内容は、教科ごとに表現の仕方が違います。

目標においても、内容においても、育成を目指す資質・能力の三つの柱で、しっかりと記されています。

全ての教科等の内容はこの三つで

示されたわけですが、どのように表現されているかが案外曖昧になっているように感じます。

例えば、国語科は、まず最初に「知識及び技能」とあり、そこに事項が並ぶ。次に「思考力、判断力、表現力等」とあり、そこに「話すこと・聞くこと」「書くこと」「読むこと」といった領域がくるわけです。

社会科や算数科や理科は似た表現の仕方です。

社会科では「我が国の農業」のように扱う対象が先に示されます。そのことについて、「知識及び技能」「思考力、判断力、表現力等」が示してあります。

体育科は「ボール運動」などの運動領域それぞれに「知識及び技能」「思考力、判断力、表現力等」が書かれており、さらに「学びに向かう力、人間性等」まで書いてあるわけです。

生活科は、一文の中に「知識及び技能」「思考力、判断力、表現力等」「学びに向かう力、人間性等」が示されています。

このように教科によって、表現の仕方が違っていることも押さえておきたいと思います。

目標はもちろん、教科等の内容の示し方を意識して見るかどうかで、教育課程全体の見え方が変わってくると思います。

例えば、体育科では「学びに向かう力、人間性等」まで示しています。

どうして他の教科等の内容ではそこまで示しきっていないのでしょうか。

それは、扱う学習対象が変わっても「学びに向かう力、人間性等」は似た様相になるからということかもしれません。

生活科が一文になっているのはなぜでしょうか。

一文にして表現することによって、一つひとつの資質・能力はバラバラではなく、一体となって表れる低学年の特性を表現の仕方に見て取ることもできそうです。

評価の観点についてもこの三つで検討するということで、いま議論が進んでいます。（平成31年2月現在）

現在の評価の観点は、5観点の教科も4観点の教科も3観点の教科もあるわけです。ご存知の通り、国語科が5観点です。そして多くの教科が4観点で、前回の改訂のときは、「表現」という言葉の位置付けなどを整理してきました。すでに生活科は3観点になっていて、資質・能力の三つの柱とほぼ一緒になっています。

その意味では、生活科はとても進化した考え方を、その教科構成の原理や背景にもっていることがわかります。今回の改訂については、低学年の教育を意識することも大事であると考えています。

評価については後ほど詳しくお話しすることにします。

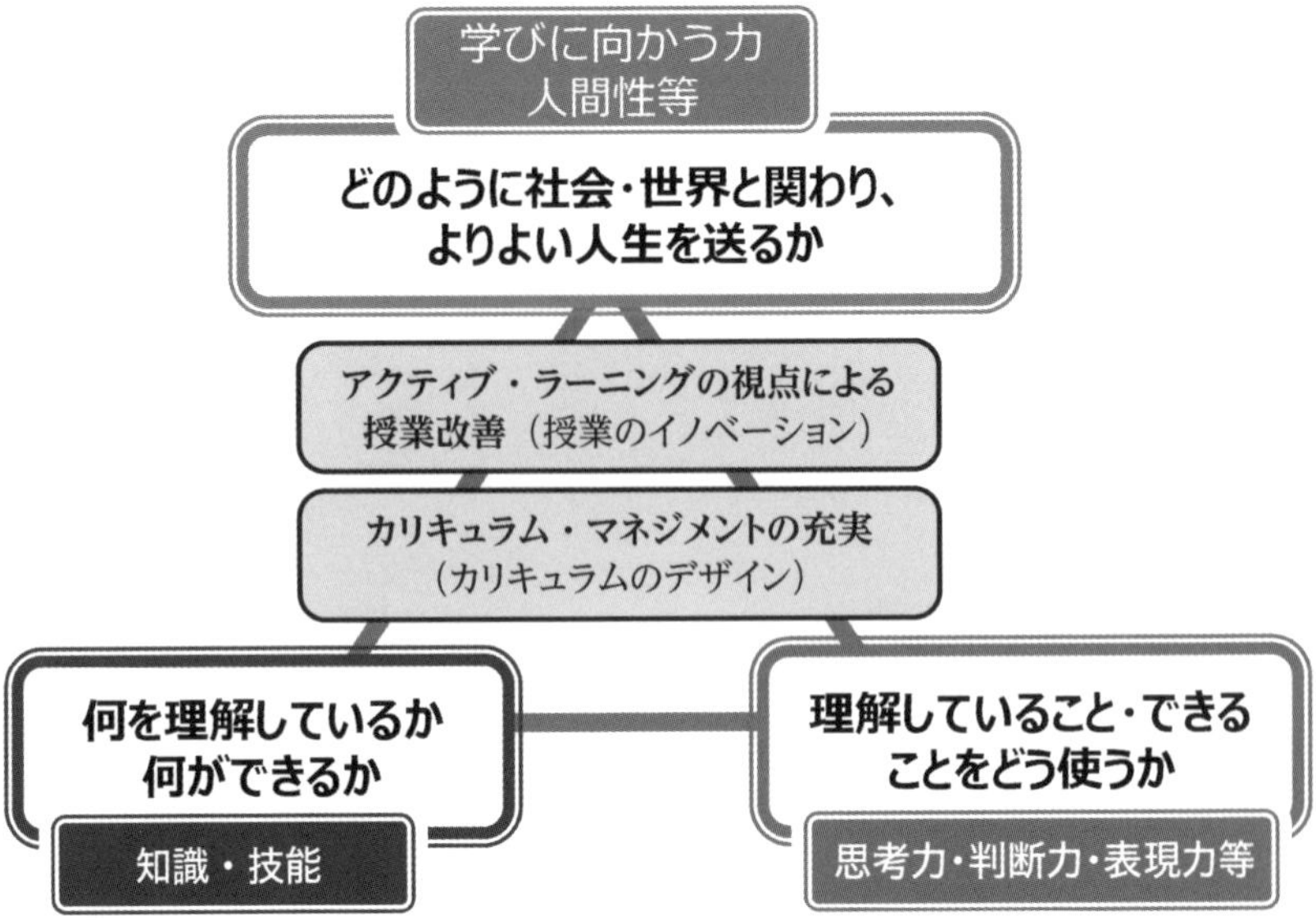


さて、改めてここでキーワードの整理をしておきましょう。

「資質・能力の育成」これが最大の目標です。

そのためには、子どもたちに「主体的・対話的で深い学び」をしてほしい。

この「主体的・対話的で深い学び」を実現するには、二つの軸が必要です。

**一つはアクティブ・ラーニングの視点による授業改善（授業のイノベーション）、そしてもう一つ**

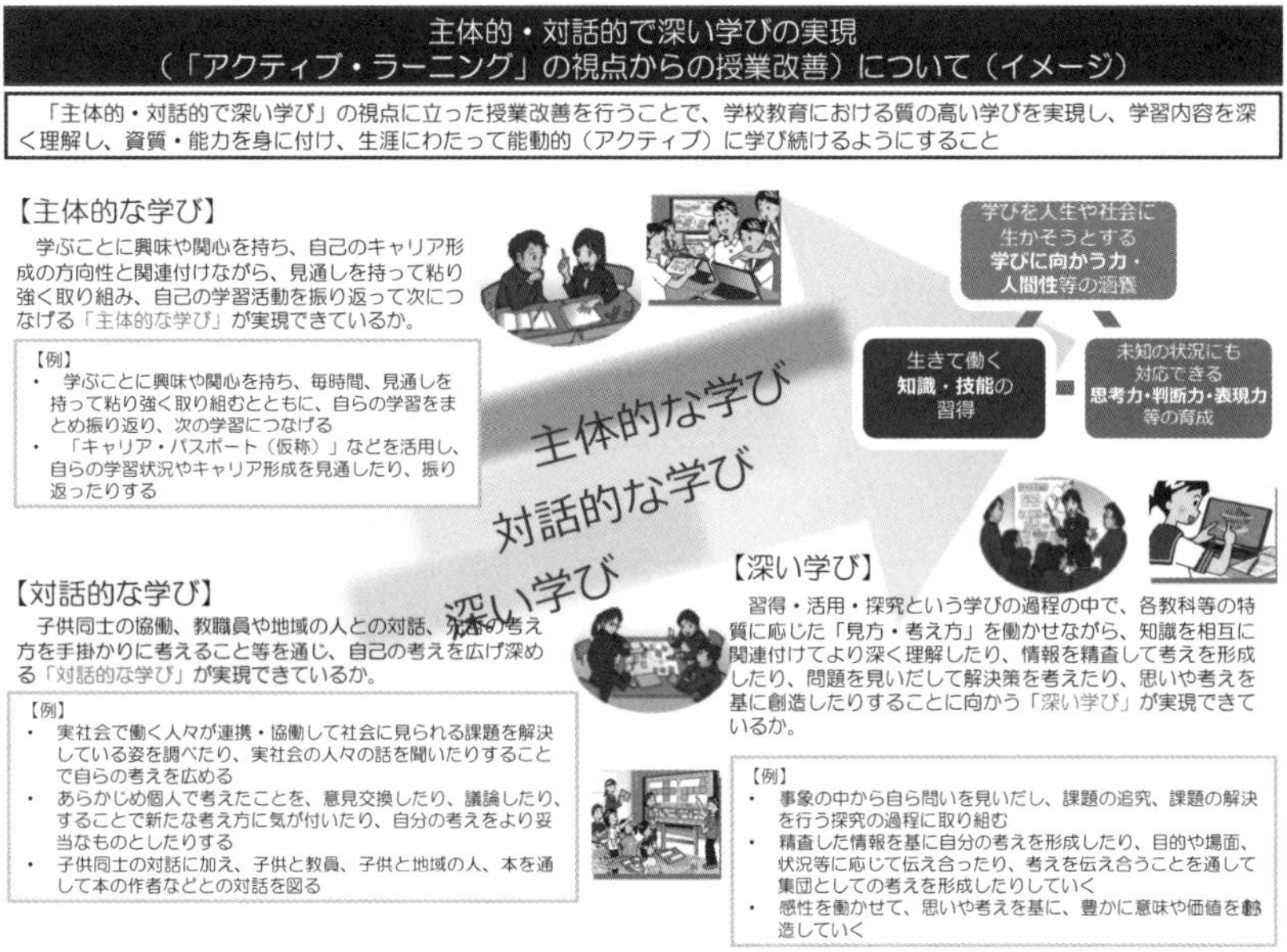
主体的・対話的で深い学びの実現
（「アクティブ・ラーニング」の視点からの授業改善）について（イメージ）
「主体的・対話的で深い学び」の視点に立った授業改善を行うことで、学校教育における質の高い学びを実現し、学習内容を深く理解し、資質・能力を身に付け、生涯にわたって能動的（アクティブ）に学び続けるようにすること
【主体的な学び】
学ぶことに興味や関心を持ち、自己のキャリア形成の方向性と関連付けながら、見通しを持って粘り強く取り組み、自己の学習活動を振り返って次につなげる「主体的な学び」が実現できているか。
【例】
・学ぶことに興味や関心を持ち、毎時間、見通しを持って粘り強く取り組むとともに、自らの学習をまとめ振り返り、次の学習につなげる
・「キャリア・パスポート（仮称）」などを活用し、自らの学習状況やキャリア形成を見通したり、振り返ったりする
学びを人生や社会に生かそうとする
学びに向かう力・人間性等の涵養
生きて働く
知識・技能の習得
未知の状況にも対応できる
思考力・判断力・表現力等の育成
主体的な学び
対話的な学び
深い学び
【対話的な学び】
子供同士の協働、教職員や地域の人との対話、先哲の考え方を手掛かりに考えること等を通じ、自己の考えを広げ深める「対話的な学び」が実現できているか。
【例】
・実社会で働く人々が連携・協働して社会に見られる課題を解決している姿を調べたり、実社会の人々の話を聞いたりすることで自らの考えを広める
・あらかじめ個人で考えたことを、意見交換したり、議論したり、することで新たな考え方に気が付いたり、自分の考えをより妥当なものとしたりする
・子供同士の対話に加え、子供と教員、子供と地域の人、本を通して本の作者などとの対話を図る
【深い学び】
習得・活用・探究という学びの過程の中で、各教科等の特質に応じた「見方・考え方」を働かせながら、知識を相互に関連付けてより深く理解したり、情報を精査して考えを形成したり、問題を見いだして解決策を考えたり、思いや考えを基に創造したりすることに向かう「深い学び」が実現できているか。
【例】
・事象の中から自ら問いを見いだし、課題の追究、課題の解決を行う探究の過程に取り組む
・精査した情報を基に自分の考えを形成したり、目的や場面、状況等に応じて伝え合ったり、考えを伝え合うことを通して集団としての考えを形成したりしていく
・感性を働かせて、思いや考えを基に、豊かに意味や価値を創造していく

中央教育審議会答申（平成28年12月21日）より

**が「カリキュラム・マネジメント」の充実です。**

　このように捉えていただくと、今回の改訂の大きな構造が見えてくると思います。

　さて、本題の「カリキュラム・マネジメント」に入る前に、「主体的・対話的で深い学び」について考えておきたいと思います。

「主体的・対話的で深い学び」というと、上の図を思い浮かべる方も多いのではないでしょうか。

　今回の学習指導要領の改訂にあたって繰り返し提示された図で

## 主体的・対話的で深い学び

### ■「主体的な学び」

学ぶことに興味や関心をもち、自己のキャリア形成の方向性と関連付けながら、見通しをもって粘り強く取り組み、自己の学習活動を振り返って次につなげる「主体的な学び」が実現できているか。

（学びのコントロール：自分事の課題、自分で学びを運用する、学びの成果を得る）

す。

ここから「主体的な学び」、「対話的な学び」、「深い学び」を抜き出して、それぞれについて考えていきましょう。

「主体的な学び」、「対話的な学び」、「深い学び」それぞれについて、定義された言葉を暗記するのではなく、いかにその具体をイメージできるかが大事だと思います。

また、「主体的な学び」も、「対話的な学び」も、「深い学び」も、どれも大事ですが、特に「深い学び」が重要であることは、多くの方の意見と重なるところであります。

「主体的な学び」というのは、**自分で自分の学びがコントロールできること、**と考えるとイメージしやすくなると考えています。

## 主体的・対話的で深い学び

**■「対話的な学び」**

子ども同士の協議、教職員や地域の人との対話、先哲の考え方を手掛かりに考えること等を通じ、自己の考えを広げ深める「対話的な学び」が実現できているか。

（異なる多様な他者との対話：多くの情報、他者への発信、知の協働構築）

つまり、自分の課題を自分の力で解決し、その結果の成果を自分のものとする、こういったことができるようになってくると、学びを自分自身の力でコントロールできるようになるというイメージです。

自分事の**本気で真剣な課題を、見通しをもちながら、自分で解決に向かう。と同時に、その学びを振り返り、次につなげる**ことと考えると「主体的な学び」のイメージも鮮明になってくるはずです。

なんとなく前向きになっていればいい、ということではなくて、「主体的な学び」をもう少し具体的な子どもの学びの姿として考えを整理することが求められているのではないでしょうか。

「対話的な学び」というのは、**異なる多様な他者と対話をすること、**と考えると、イメージしやすくなるのではないでしょうか。

そこには、子ども同士の対話のみならず、広く地域の人たち、あるいは時間を越えて先哲の考えと向き合うことも含めて考えることが大切です。

したがって、書籍や文献などを通して、子どもたちが対話をし、学ぶということも考えることができそうです。

異なる多様な他者との対話では、多くの情報が入ってくるし、説明機会も増えます。さらに、新たな知がクリエイトできるチャンスも生まれてくるはずです。

こういうことこそが、対話の本当の価値なのではないでしょうか。

そう考えると、「対話的な学び」もイメージが豊かになるかもしれません。

ここまで示してきたように「主体的な学び」と言えば、授業中、子どもが主体的になって学んでいる様子が想像できます。

前のめりになって、生き生きとした顔つきで、本気で学習をしている、そんな授業イメージです。

「対話的な学び」も同様で、子ども同士の学び合い、意見交換、ディスカッションをする姿が思い浮かびます。

このように「主体的な学び」、「対話的な学び」については、外形化されやすく授業イメージがクリアにもてるでしょう。

この「主体的な学び」、「対話的な学び」に比べて、「深い学び」がわかりにくい、という声を聞きます。

「深い学び」というのは学びの質や認識に関わることなので、どのようなイメージをもてばいいのかが見えてこないというのが現実なのではないでしょうか。

「主体的な学び」、「対話的な学び」、「深い学び」はもちろんどれも大切なのですが、先ほどもお話しした通り、特にこの「深い学び」を実現することがきわめて重要になってくると考えています。

我々が目指していく「深い学び」とは、おそらく主体と対話も含み込んだ、一体

## 主体的・対話的で深い学び

■「深い学び」

習得・活用・探究という学びの過程の中で、各教科等の特質に応じた「見方・考え方」を働かせながら、知識を相互に関連付けてより深く理解したり、情報を精査して考えを形成したり、問題を見いだして解決策を考えたり、思いや考えを基に創造したりすることに向かう「深い学び」が実現できているか。

ものなのだと思います。

この「深い学び」については、知識を中心に考えると少しはっきりしてくるかもしれません。

一つひとつの事実的な知識、個別の知識は、子どもたちが「活用・発揮」することで、つながっていきます。

そのような、つながり合い、結び付いて関連付いた知識の状態、つまり駆動する知識に向かっていくことを「深い学び」と考えるとよいのではないでしょうか。

そのためには、プロセスを重視することが大切になっていきます。

これまでの授業では、少々乱暴に言いますと、「子どもたちが教師の話を聞き、それをインプットしていく」…いわば「暗記再生型」の授業に力がかかっている傾向にありました。

これからの授業では、「子どもたち一人ひとりが自分で考え、友達に伝えていく」…むしろアウトプットに力をかけていくことが大切になってきます。

このようなプロセスの充実こそが、期待する子どもたちの資質・能力の育成に向かっていく、というように考えていきたいものです。

なぜなら、インプットし内化した知識をアウトプットして外化することで、知識は「活用・発揮」されます。その結果、ネットワーク化され、精緻《せいち》化された駆動する知識を生成する「深い学び」が実現します。このことこそが資質・能力の育成に向かうはずだからです。

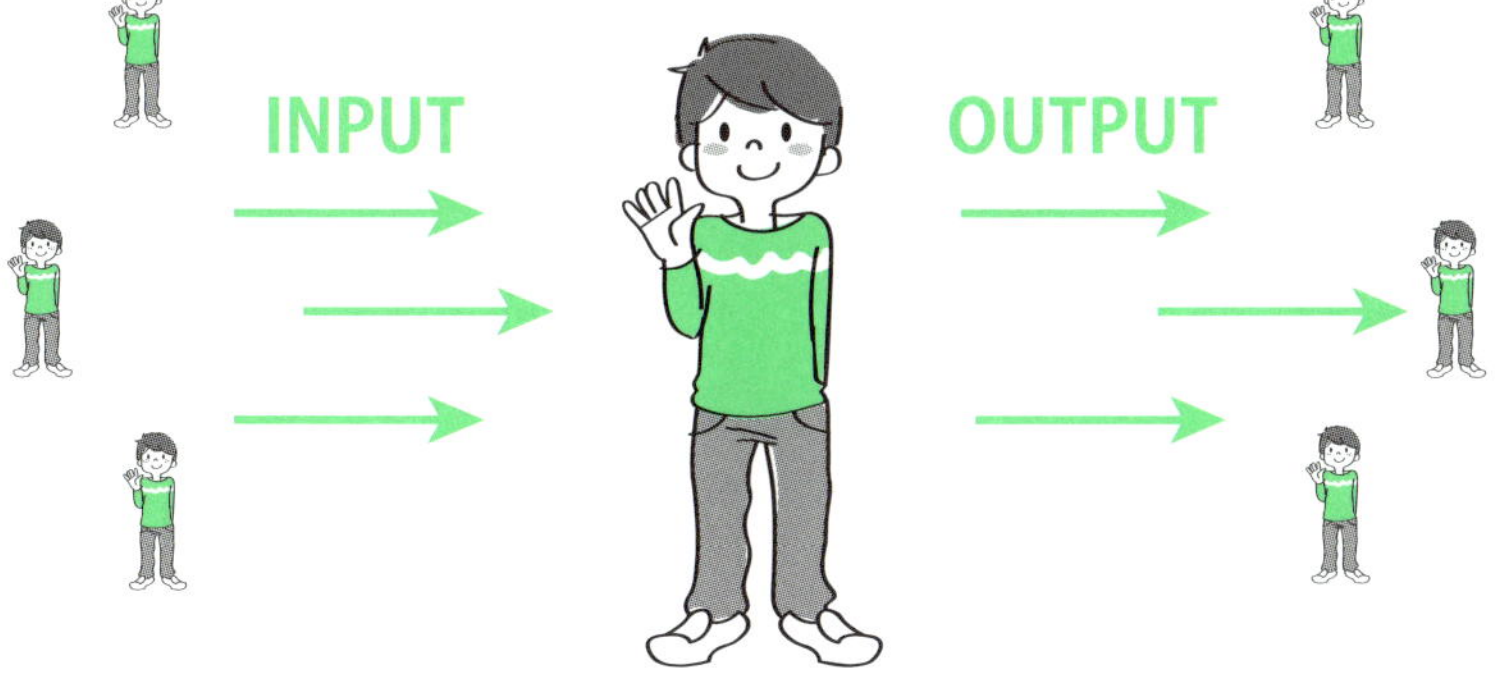

## 大切なのは学習バランス

ＯＥＣＤ教育・スキル局長アンドレアス・シュライヒャー氏のインタビュー記事（２０１７年8月11日の読売新聞）をご覧になった方もいらっしゃるでしょう。

記事の大きな内容は「日本の子どもの学力は上がった。それは総合的な学習の時間、探究の力が大きい」というものですが、その中でシュライヒャー氏は「勉強の仕方にも課題がある。かつて日本の生徒たちは記憶中心の勉強をしており、イギリスはいまでもそうだが、日本はすっかり脱却し、自分で優先度や目標を決め、計画的に学ぶようになった。だが、様々な知識や情報を自分で関連付けて学ぶ生徒は少なく、日本は世界で下位グループだ」と述べています。

記者の「関連付けて学ぶ」とはどういうことか、という質問に、「例えば数学科の勉強をするときに、理科や社会科の知識と結び付けて理解したり、日常生活での使い方を考えたりすることだ。数学科では簡単な問題なら記憶中心の勉強でよく、ややむずかしい問題までなら、計画的学習で対応できるが、最高難度の問題だと、他の知識と関連付けることが欠かせない。現代社会の問題は複雑な情報や知識構造の中にあり、知っていることから推測することは重要だ」と答えています。

気を付けたいことは、繰り返し反復はやらなくていい、ということではありません。

私が言いたいのは、**記憶中心の学習（記憶戦略）、計画的学習（自己制御戦略）、関連付ける学習（精緻化戦略）の「バランス」が大事**だということです。

日本の教師はこれまでも記憶戦略をうまく使っていました。楽しい繰り返しをやっていたし、変化のある繰り返しをやっていたし、自己変容に気付く繰り返しをやっていた。

だからこそ、子どもたちは反復学習にも前向きに学習活動に取り組んでいました。その意味では、我々のストロングポイントである繰り返しも磨き上げつつ、一方で関連付け（精緻化）といったことも大事にしよう、ということです。

それがキーワードでいうと**「探究」**ということになってきます。

多くの国々がこの方向（探究）を目指してやっています。

日本の教育課程にも今回「探究」というキーワードが多く出てきており、高等学校の教科・科目等の名称に「探究」が使われているのはお気付きかと思います。

子どもたちが問い続け、「どうしてだろう」、「なぜだろう」と考え続けることこそが、実は「深い学び」に向かっていくのでしょう。それこそが「探究」です。

だとすると、問い続け、自問自答するにはどういう状況が生まれればいいのか…、簡単に言うと、自分の外にいくつか要素がありそうです。

一つは子どもたちが扱う学習対象です。目の前に不思議なことがあって、不思議だな、おもしろいなと思うことができれば、おそらく問い続けるはずです。

加えて、そこに教師の適切な関わりが求められます。教師の発問次第で、子どもは問い続けるでしょう。

さらには、周囲の友達との関係によって真剣に考え、問い続ける姿が生まれるものと期待できます。

そのような関係を、どのようにして構築し、子どもの内面を育てていくかが問われているわけです。

ここまで記してきたように、「深い学び」とは、知識を構造化し、高度化していくと、「使える知識」になる、というイメージで捉えるべきではないかと思います。その**「深い学び」を実現するには、「活用・発揮」が最大のポイント**だと考えています。

インプットも大事ですが、意識的にアウトプットすることが大切です。「活用・発揮」を繰り返し、知識を使えば使うほど、知識が使い勝手のいいものになる。使い勝手がいいだけではなくて、長持ちするものになっていくのです。

この「活用・発揮」については、授業を改善し、イノベーションすることで実現できるとともに、「カリキュラム・マネジメント」によっても実現していくべきものと考えなければいけません。

「深い学び」についてはお話しすべきことがたくさんあるのですが、拙書『深い学び』（東洋館出版社）に詳しく書いてありますので、そちらに譲り、そろそろ本題である「カリキュラム・マネジメント」に進みたいと思います。

目の前の子どもたちが活躍する
近未来は、想像以上の
大きな変化が待ち受けている。

ここがポイント

教師中心の学びから学習者中心の学びへ。
自ら学び、共に学ぶ子どもを育てることに
目を向ける必要がある。

「主体的・対話的で深い学び」を
実現する教師力が求められている。

# カリキュラム・マネジメントって何ですか？

## 「カリキュラム・マネジメント」って何ですか？

はじめに「改めて『カリキュラム・マネジメント』って何？」と聞かれると困ってしまいませんか?とお話ししました。

なんとなくわかっているつもりで、普通に使っている言葉だけれど、よく考えると意味が曖昧である。

「カリキュラム・マネジメント」に限らず、和製英語やカタカナ言葉は外来語の発音をそのまま表記しただけで、なんとなくわかったような気になっているものも多いですね。

改めて考えてみましょう。

カリキュラムとは、教育内容と時間を学習の段階に応じて配列したもの、いわゆる「教育課程」と捉えられています。学校が教育目標を達成するために、子どもが学び、身に付ける内容を体系化した教育活動の全体を意味します。「教育課程」は、その意味で用いられる行政上の用語で、学習指導要領がその国家基準であることは、皆さんご承知の通りです。

「カリキュラム・マネジメント」の用語は、現行学習指導要領の背景となる中央教育審議会の答申（平成20年1月）にも、教育課程や指導方法等の不断の見直しによる「カリキュラム・マネジメント」の確立の必要性として記されています。

そして今回の学習指導要領の改訂で、大きくクローズアップされたという流れになります。

「カリキュラム・マネジメント」を一言で言うと、学校の教育課程をデザインし編成するとともに、その実施、評価、改善に向けて組織を管理し運営すること。すなわち、カリキュラムをデザインすることと、組織をマネジメントすることとを結び付け、一体で組織的に行うこととして捉えるとよいのではないでしょうか。

## 求められる「カリキュラム・マネジメント」の充実

変化の激しい新しい社会で活躍できる人材の育成に向けては、「何ができるようになるか」が重要であり、そのためには「何を学ぶか」に加えて、「どのように学ぶか」を重視することが必要だと話してきました。

①「何を理解しているか、何ができるか」
（生きて働く「知識及び技能」の習得）
②「理解していること・できることをどう使うか」
（未知の状況にも対応できる「思考力、判断力、表現力等」の育成）
③「どのように社会・世界と関わり、よりよい人生を送るか」
（学びを人生や社会に生かそうとする「学びに向かう力、人間性等」の涵養）

こうした資質・能力を育成するためには、学びの過程において、実社会や実生活と関わりのあるリアリティのある真正の学びに主体的に取り組んだり、異なる多様な他者との対話を通じて考えを広めたり深めたりする学びを実現することが大切になることは言うまでもありません。

また、知識を記憶するだけにとどまらず、身に付けた資質・能力が様々な課題の対応に生かせることを実感できるような、学びの深まりも重要になってきます。


この三つの資質・能力を育成するためには「主体的・対話的で深い学び」の視点による授業改善が必要となってきます。

とりわけ重要であると考えられている「深い学び」については、先に示した通り、子どもの中で知識と知識が結び付き、つながる学びと考えることができます。

既得の知識と新たに獲得した知識とを関連付けたり、組み合わせたりしていく学びとも言えるでしょう。


知識と知識がつながる「深い学び」を実現するためは、授業改善はもちろん、単元計画や年間指導計画、全体計画などのカリキュラムをデザインし、マネジメントすることとも大きく関わってきます。

例えば、以前習った単元といま習っている単元や、これから習う単元とがつながるように、単元計画や年間指導計画を考えることなども考えられます。同じ教科内だけでなく、異なる教科ともつながるように、単元配列表などによって教育課程を編成することも求められます。

つまり、「深い学び」を実現するには、このような「カリキュラム・デザイン」を中心とした「カリキュラム・マネジメント」を充実させる必要があるのです。

新しい学習指導要領では、「カリキュラム・マネジメント」が、総則の第1の4に記されています。これは、とても重いことです。

改めて押さえておきましょう。

**小学校学習指導要領（平成29年3月告示）総則**

第1　小学校教育の基本と教育課程の役割

4　各学校においては、児童や学校、地域の実態を適切に把握し、教育の目的や目標の実現に必要な教育の内容等を教科等横断的な視点で組み立てていくこと、教育課程の実施状況を評価してその改善を図っていくこと、教育課程の実施に必要な人的又は物的な体制を確保するとともにその改善を図っていくことなどを通して、教育課程に基づき組織的かつ計画的に各学校の教育活動の質の向上を図っていくこと（以下「カリキュラム・マネジメント」という。）に努めるものとする。

総則の第2の1と2には次の表記があります。

第2　教育課程の編成

1　各学校の教育目標と教育課程の編成

教育課程の編成に当たっては、学校教育全体や各教科等における指導を通して育成を目指す資質・能力を踏まえつつ、各学校の教育目標を明確にするとともに、教育課程の編成についての基本的な方針が家庭や地域とも共有されるよう努めるものとする。その際、第5章総合的な学習の時間の第2の1に基づき定められる目標との関連を図るものとする。

2　教科等横断的な視点に立った資質・能力の育成

(1) 各学校においては、児童の発達の段階を考慮し、言語能力、情報活用能力(情報モラルを含む。)、問題発見・解決能力等の学習の基盤となる資質・能力を育成していくことができるよう、各教科等の特質を生かし、教科等横断的な視点から教育課程の編成を図るものとする。

(2) 各学校においては、児童や学校、地域の実態及び児童の発達の段階を考慮し、豊かな人生の実現や災害等を乗り越えて次代の社会を形成することに向けた現代的な諸課題に対応して求められる資質・能力を、教科等横断的な視点で育成していくことができるよう、各学校の特色を生かした教育課程の編成を図るものとする。

総則第5の1には、次の表記があります。

第5 学校運営上の留意事項

1 教育課程の改善と学校評価等

ア 各学校においては、校長の方針の下に、校務分掌に基づき教職員が適切に役割を分担しつつ、相互に連携しながら、各学校の特色を生かしたカリキュラム・マネジメントを行うよう努めるものとする。また、各学校が行う学校評価については、教育課程の編成、実施、改善が教育活動や学校運営の中核となることを踏まえ、カリキュラム・マネジメントと関連付けながら実施するよう留意するものとする。

「主体的・対話的で深い学び」を実現するためには、授業改善とともに、「カリキュラム・マネジメント」の充実が重要になってくるのです。

なぜなら、「主体的・対話的で深い学び」を単位時間において実現するには、その1時間がどのような単元に位置付いているかという単元構成を抜きにして考えることはできませんし、その単元は、どのような年間の位置付けになっているかという年間指導計画を知らなければ考えられません。

このことについては、総則第3の1の(1)に次の表記があります。

第3　教育課程の実施と学習評価

1　主体的・対話的で深い学びの実現に向けた授業改善

(1)　第1の3の(1)から(3)までに示すことが偏りなく実現されるよう，単元や題材など内容や時間のまとまりを見通しながら，生徒の主体的・対話的で深い学びの実現に向けた授業改善を行うこと。

特に，各教科等において身に付けた知識及び技能を活用したり，思考力，判断力，表現力等や学びに向かう力，人間性等を発揮させたりして，学習の対象となる物事を捉え思考することにより，各教科等の特質に応じた物事を捉える視点や考え方（以下「見方・考え方」という。）が鍛えられていくことに留意し，生徒が各教科等の特質に応じた見方・考え方を働かせながら，知識を相互に関連付けてより深く理解したり，情報を精査して考えを形成したり，問題を見いだして解決策を考えたり，思いや考えを基に創造したりすることに向かう過程を重視した学習の充実を図ること。

これからは1時間の授業や単元構成，年間指導計画が，全ての教科等との関係の中において、「どのように配列され、構成されているか」を俯瞰することが求められるでしょう。

さらに、そうしたカリキュラムが、どのような教育目標を受けているかを考えることは当然です。

「カリキュラム・マネジメント」が「主体的・対話的で深い学び」の実現につながるものであることを再認識する必要があると思います。

## 「カリキュラム・マネジメント」の三つの側面

「カリキュラム・マネジメント」については、次ページに記した三つの側面として整理されて示されてきました。

とりわけ重要な部分を抜き出すとすれば、次のように考えることができます。

## ■カリキュラム・マネジメントの三つの側面

① 各教科等の教育内容を相互の関係で捉え、学校の教育目標を踏まえた教科横断的な視点で、その目標の達成に必要な教育の内容を組織的に配列していくこと。

② 教育内容の質の向上に向けて、子供たちの姿や地域の現状等に関する調査や各種データ等に基づき、教育課程を編成し、実施し、評価して改善を図る一連のＰＤＣＡサイクルを確立すること。

③ 教育内容と、教育活動に必要な人的・物的資源等を、地域等の外部の資源も含めて活用しながら効果的に組み合わせること。

中央教育審議会答申（平成 28 年 12 月 21 日）より 下線は筆者

一つ目は「内容の組織的配列」。二つ目が「ＰＤＣＡサイクル」、三つ目が「内外の資源の活用」です。

この三つの側面のどれもが「主体的・対話的で深い学び」に結び付くものであり、各学校が未来社会を見据え、どんな人材を育成すべきかを考えた際に必要となるものです。

「カリキュラム・マネジメント」については、これまで、教育課程の在り方を不断に見直すという②の側面が重視されてきていましたが、「社会に開かれた教育課程」の実現を通じて子どもたちに必要な資質・能力を育成するという新しい学習指導要領等の理念を踏まえ、①や③も重要であることが明示されたわけです。

また、これまで「カリキュラム・マネジメント」は、トップリーダーの仕事というイメージがありました。校長先生、副校長先生、教頭先生といった管理職の方が取り組んでいくものという認識が強かったのです。しかし、今回の改訂では、「みんなで『カリキュラム・マネジメント』をやっていきましょう」という考え方を大切にしています。

その意味からも、三つの側面の中の①が最重要なのではないか、と私は考えています。学習指導要領に示された内容を組織的に配列することは、学級担任や学習指導をする立場にとって、日々の授業に結び付く重要な問題だからです。加えて、①を重視し取り組むことは、②や③の実現にも結び付くと想像することができるからです。

これを別の言い方ですれば「カリキュラムをデザインする」ということになります。

## 「カリキュラム・デザイン」にスポットを当てると・・・

先に示した通り「カリキュラム・マネジメント」の三つの側面のうち、教育内容の組織的配列である「カリキュラム・デザイン」がその中核を成すと考えています。

その理由も先に示した通り、以下の二つです。

一つ目は学級担任のレベルから考えれば、内容をいかに組織的に配列するかというデザインこそが授業につながるということです。

二つ目は、内容の組織的配列というカリキュラムのデザインこそがＰＤＣＡサイクルや内外の資源の活用と連動していくということです。

カリキュラムをデザインする際は、「深い学び」の実現に直結する「知識及び技能」の「活用・発揮」を各教科間等、教育課程全体で考えることを意識してほしいと思います。

◎「主体的・対話的で深い学び」を実現するためには「カリキュラム・マネジメント」の充実が重要になってくる。

◎「カリキュラム・マネジメント」の三つの側面
「カリキュラム・デザイン」
「PDCAサイクル」
「内外の資源の活用」

◎とりわけ、教育内容の組織的配列である「カリキュラム・デザイン」が中核である。

ここがポイント

02

# カリキュラム・デザインって何？

## 「カリキュラム・デザイン」を構成する三つの階層

「カリキュラム・マネジメント」には三つの側面…「カリキュラム・デザイン」、「PDCAサイクル」、「内外の資源の活用」があり、そのうちの「カリキュラム・デザイン」に着目することの意味や価値について話してきました。

ここからは、「カリキュラム・デザイン」について考えていきましょう。

「カリキュラム・デザイン」を三つの階層で整理したいと思います。

一つ目は、学校の教育活動を総括したり、関係性を明らかにしたりする**「グランド・デザイン」、すなわち全体計画**を描く階層です。

総則の第2に「各学校の教育目標を明確にするとともに、教育課程の編成についての基本的な方針が家庭や地域とも共有されるよう努めるものとする。」とあるように、教育目標はその学校の歴史や伝統、地域性、子どもたちの実態が反映され、学校ごとに独自に定められるものです。

## ■カリキュラム・デザインの三つの階層

①教育活動全体の関係を「グランド・デザイン」として描く

②学年の学習活動を俯瞰して「単元配列表」を描く

③一連の学習活動のまとまりとしての「単元」を描く

教育目標として示された各学校がこれまで大事にしてきたことと、今回の学習指導要領で示している資質・能力の三つの柱を照らし合わせ、学校が育てたい具体的な子ども像を描き直し、学校全体でどのような教育課程の編成を行うかを明らかにしていきます。これが「グランド・デザイン」を描くという階層になります。

二つ目は**「単元配列表」**を描く階層です。

各学年の、それぞれの教科等では、年間指導計画を立てています。それらを統合して一枚にした、年間の教育活動を俯瞰できるようにしたものが「単元配列表」です。

これまでは教科ごとに年間指導計画表がつくられていたわけですが、「単元配列表」を作成することで、一年間の全ての学習活動を視野に入れることが可能になります。

三つ目は**「単元」**を描く階層です。

「主体的・対話的で深い学び」を実現しようとすれば、単位時間の授業のみならず、単元がいかにつながりのある連続したプロセスとして具体化されているかが重要になります。一連の問題解決のまとまりである単元を構成し、子どもたちを主体とした学びが連続することによって「深い学び」が実現すると考えられます。

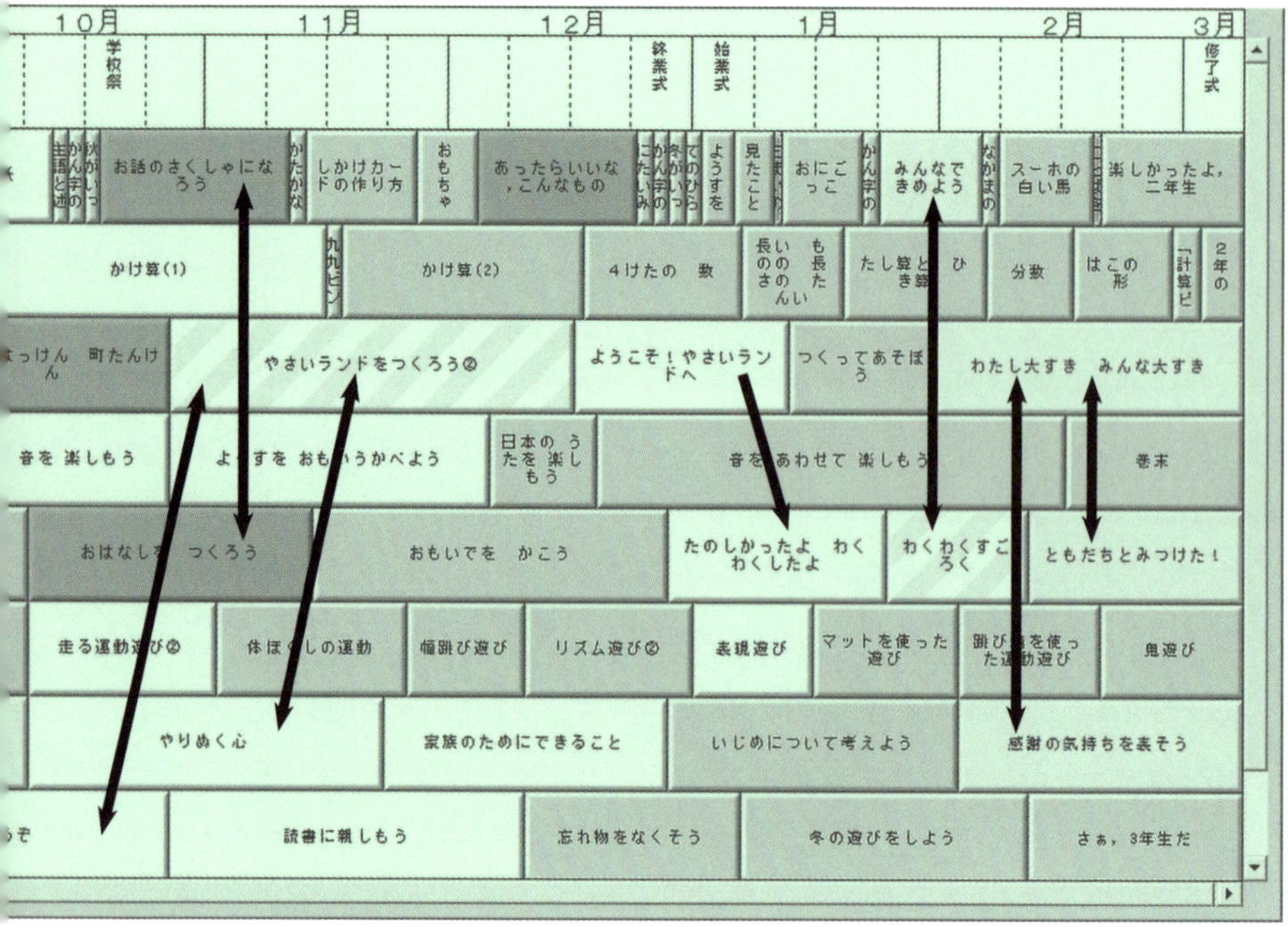

この「カリキュラム・デザイン」の三つの階層の中でも、実際に授業を行う教師にとっては、「単元配列表」と「単元」を描く階層が、特に重要であると言えるでしょう。

さらに、これまでの教師の取り組みから考えると、より重要なのは十分に行われていなかった「単元配列表」になると思います。

この「単元配列表」を、今回の学習指導要領でいう「学びの地図」と捉えることがで

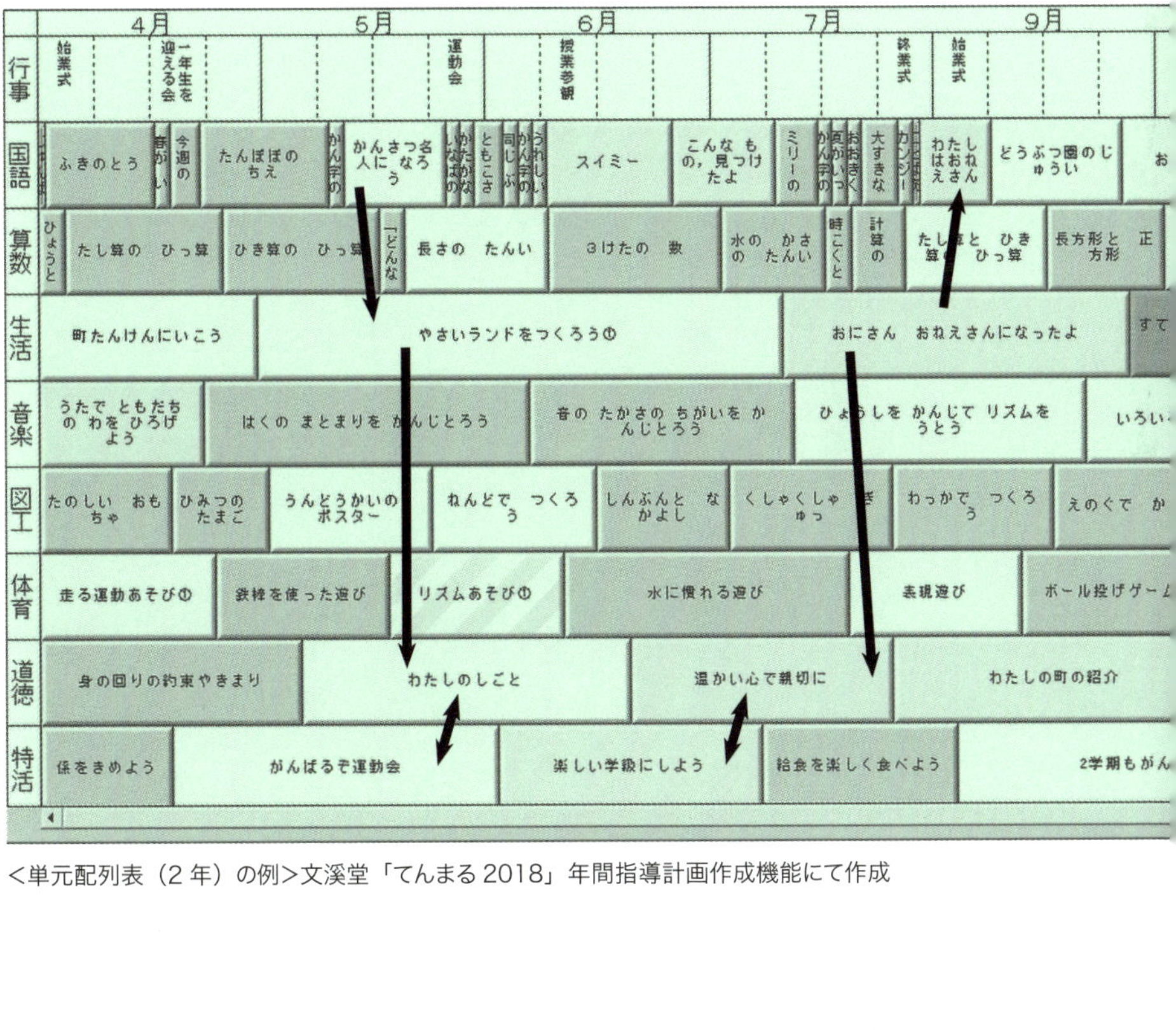


＜単元配列表（2 年）の例＞文溪堂「てんまる 2018」年間指導計画作成機能にて作成

きるのではないかと考えています。

「単元配列表」の作成は自ずとＰＤＣＡサイクルにもつながっていきますし、様々な教育資源をどのように生かすかとも連動しています。

「単元配列表」を描くことに力をかけて、いままで足りなかったところを整備していくと、多くの要素が連動しながら、期待する方向に向かっていくと考えられるのではないでしょうか。

「カリキュラム・デザイン」の三つの階層
「グランド・デザイン」という「全体計画」を描く
単元全体を俯瞰できる「単元配列表」を描く
具体的な「単元」を描く

特に「単元配列表」を描くことに力をかけて、
様々な要素を関連付けて整備していくことが重要。

ここがポイント

**「単元配列表」は、全体を俯瞰して見る「学びの地図」の具体的な表れである。**

# グランド・デザインの描き方

## 「グランド・デザイン」を描くとは？

「カリキュラム・デザイン」には三つの階層があると話してきました。

**①教育活動全体の関係を「グランド・デザイン」として描く**
**②学年の学習活動を俯瞰する「単元配列表」を描く**
**③一連の学習活動のまとまりとしての「単元」を描く**

ここでは、一つ目の階層の「グランド・デザイン」の描き方を中心に考えていきましょう。

教育目標については、総則の第2の1に次のように書かれています。

「教育課程の編成に当たっては、学校教育全体や各教科等における指導を通して育成を目指す資質・能力を踏まえつつ、各学校の教育目標を明確にするとともに、教育課程の編成についての基本的な方針が家庭や地域とも共有されるよう努めるものとする。その際、第5章総合的な学習の時間の第2の1に基づき定められる目標との関連を図るものとする。」

教育課程の編成にあたっては、三つの資質・能力を踏まえつつ、教育目標を明確にするとともに、総合的な学習の時間と関連させることが明確に示されています。移行期間の2年間で、全ての学校は、このことに着手しないといけないはずです。

教育課程を編成するときに、「育成を目指す資質・能力を踏まえつつ、**各学校の教育目標を明確にする**」ということの意味がはっきりしないという声を耳にします。そこだけを読んでいると、感覚的には「育成を目指す資質・能力の三本柱に揃えればいいのか」と受け取られがちです。

そのようにして教育目標を見直すと何が起こるでしょうか。

少し大げさに言えば、日本全国どこもかしこも似た教育目標になってしまって、「金太郎あめ」のように、どこを切っても同じ、といったことになりかねません。

当然のことながら、学校の教育目標は、その学校の歴史や伝統、地域性、子どもたちの実態によって、長い時間をかけて検討され、共有されてきたものです。つまり、学校ごとの固有性があったり、独自性があったりするものです。

固有性や独自性、歴史や伝統をもった教育目標なのですから、そう簡単に、軽々に変えないほうがいいと、私は思っています。

つまり教育目標については、何らかの「見直し」ではなくて「見つめ直し」をすべきだと思います。

「見直し」ではなくて「見つめ直し」。…どうして言い方を変えているかというと、「見直す」という言葉には、「変える」ことを前提としているニュアンスがあるからです。それに対して「見つめ直す」という言葉は、状況を正しく捉え、原因を明らかにした上で、建設的に取り組むことをイメージさせてくれるからです。

よくよく見つめ直した結果、「変える」ことになったということもあるでしょうが、よくよく見つめ直した結果、「いまの教育目標でいいですよね」ということでも、全く問題ないと思います。

大切なことは、それぞれの学校の教育目標の特徴、表現されている言葉の背景にある思いや願いに思いを馳せ、その具体的なイメージを鮮明にすることです。

教育目標を見直すかどうかは議論の先にあることだと思いますが、各学校がこれまで大事にしてきたことと、今回の学習指導要領で示してある三つの柱を照らし合わせて分析し、「私たちの学校が育てたい『具体的な子どもの姿』」を描き直していく必要があると考えています。

オリジナルで、個性豊かな各学校の教育目標を、今回の学習指導要領で整理された「育成を目指す資質・能力の三本柱」と擦り合わせながら、育てたい「具体的な子どもの姿」を描いていくことが欠かせないのです。

マトリックス表に
整理する

| | 教育目標 | | |
|---|---|---|---|
| | 知 | 徳 | 体 |
| 知識及び技能 | | | |
| 思考力、判断力、表現力等 | | | |
| 学びに向かう力、人間性等 | | | |

## マトリックス表で考える

教育目標の示し方にはいろいろなタイプがありますが、知・徳・体などに分けて示すことが多いのではないでしょうか。

学校の教育目標を三つの資質・能力で「見つめ直す」ということは、知・徳・体にあたる目標を、三つの資質・能力で具体的に表現してみることです。そのために、マトリックス表を使ってみてはどうでしょうか。

上の図のように、例えば、知・徳・体で表現されている教育目標を、三本柱のマトリックス表で整理してみます。

3×3の9個のセルがあるわけですが、この9個にそれぞれ書き込んでいきます。おそらくたくさん書けるセルと、なかなか書けないセルが出てくるはずです。

もちろん全部埋める必要はありません。もしかすると空っぽのセルもあるかもしれません。あるいはものすごくいっぱい入るセルがあってもいいと思います。

三本柱に均等に散らばることは少ないでしょうが、むしろそれでよいのだと思います。それこそが、各学校の教育目標の特徴だからです。

こうして「見直す」のではなくて「見つめ直す」ことによって、自校の教育目標には「こういう特徴がある」とか、「こういう傾向がある」とか、「こういう強みがある」ということがわかるはずです。

まずはマトリックス表に落とし込んでみることで、自校のストロングポイント、持ち味を見付けていくことが大切です。

見つめ直す過程で、もしも気になることが出てきたとしたら、教育目標にも若干手を加えればよいのではないでしょうか。

強みを一層伸ばし、弱みを補っていけばよいのです。

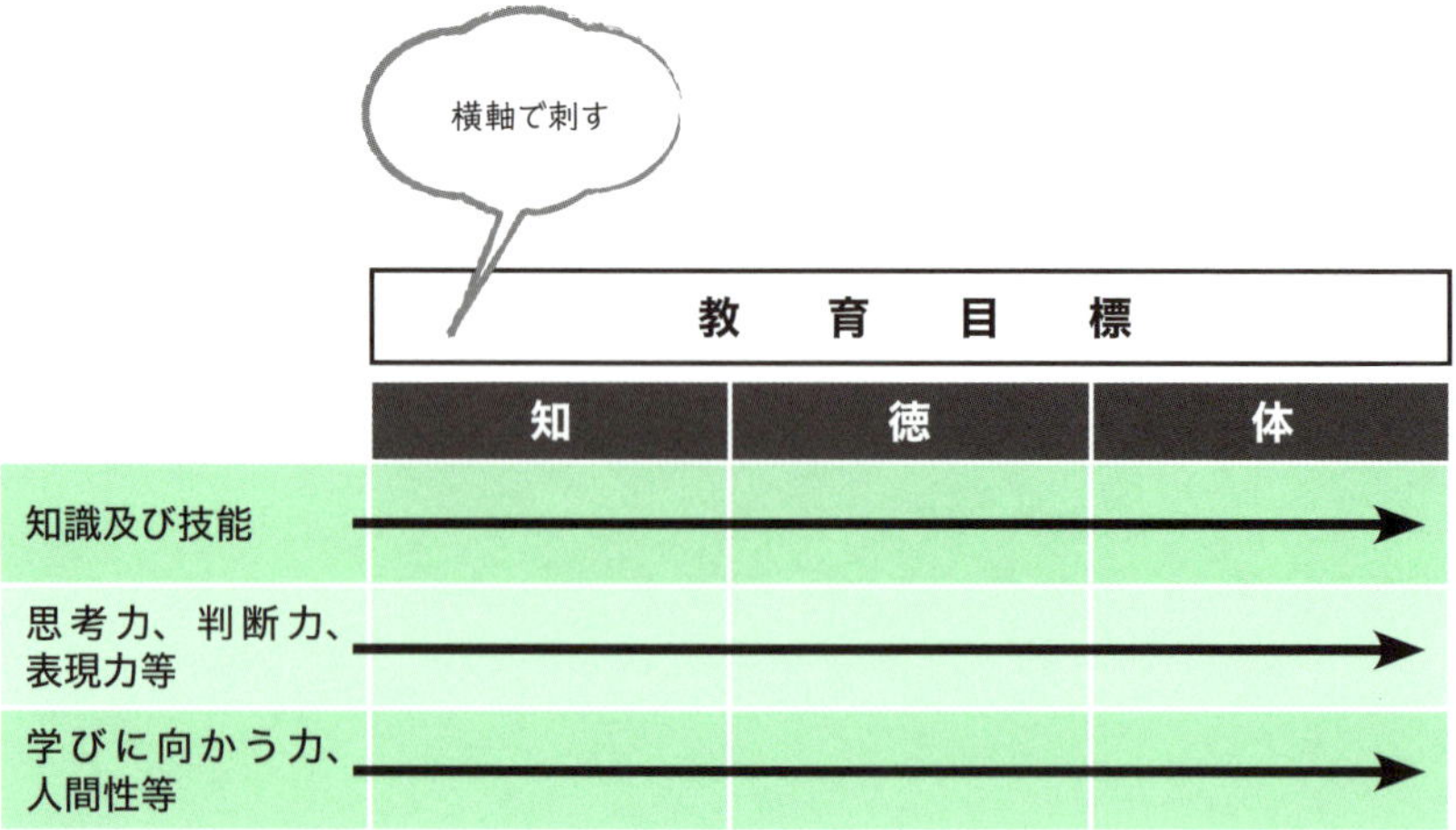


このマトリックス表に文字を埋め込むことができたら、次に、マトリックス表を三つの柱で統合的に整理していきます。

三つの柱で横串を刺せば、各学校で育てたい子どもの「知識及び技能」、「思考力、判断力、表現力等」、「学びに向かう力、人間性等」が具体的にイメージでき、文言として明示できるはずです。

この横串を刺すことによって、「育成を目指す子どもの姿」を具体的に描くわけです。

## 見直すべきは短期目標

各学校では、長期目標である教育目標の他に、「育成を目指す子どもの姿」といった2～3年程度で掲げる短期目標があると思います。

「この3年間で」とか「この2年間で」という目標を、学校で定めるはずです。目の前の子どもに相応しく、短期的で、即効性を期待する子ども像を各学校で描くのではないでしょうか。

先ほどお話ししたように、長期的な教育目標は見つめ直すにとどめ、この「育成を目指す子どもの姿」といった短期的な目標を、三本柱で定めるべきではないか、と考えています。

この三つの柱で描いた資質・能力を土台にしながら、いわゆる「グランド・デザイン」という学校の全体計画をデザインする、ということです。

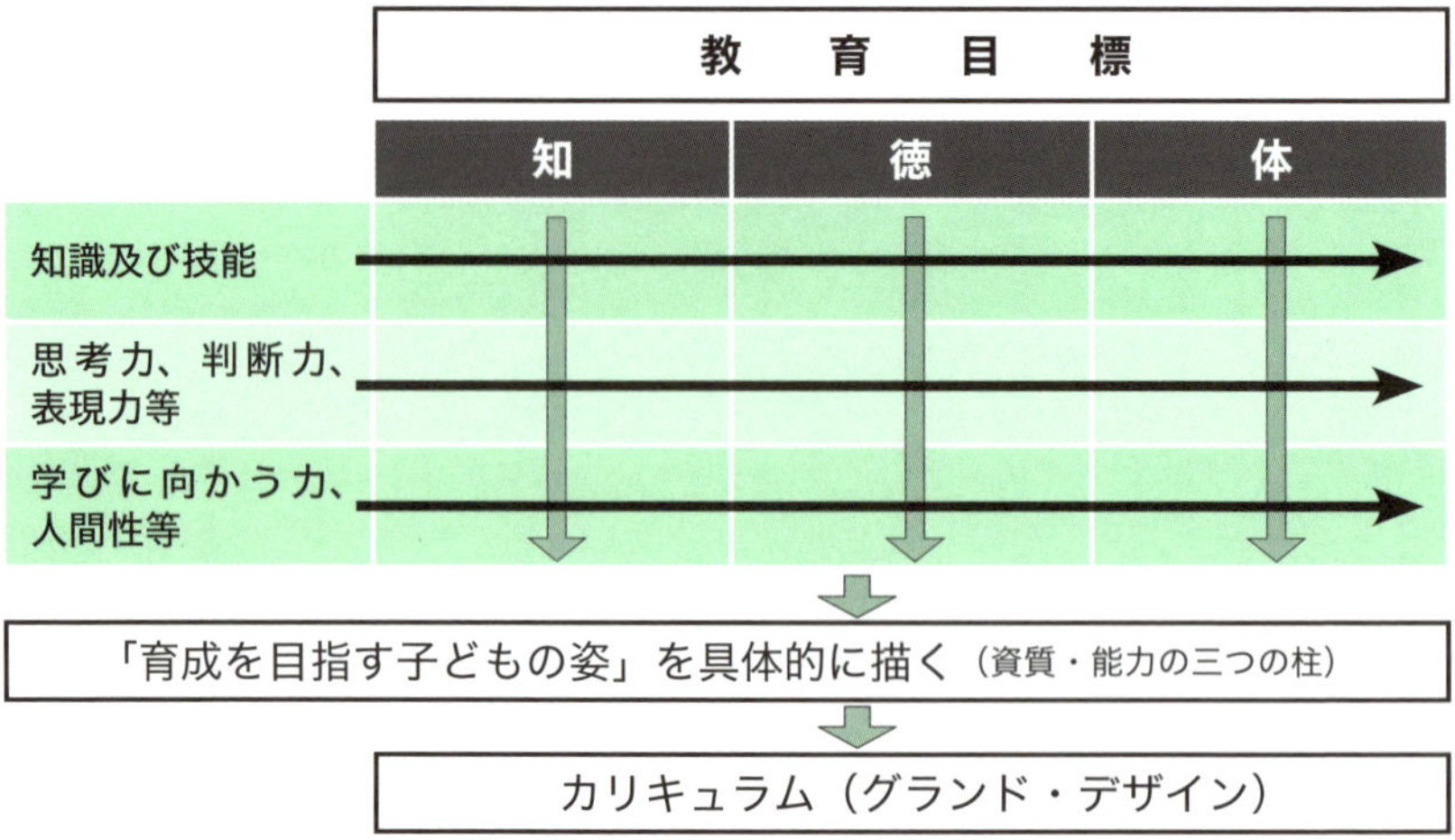


繰り返しますが、教育目標は無理して変えなくていいと思っています。

ただ、短期目標は、資質・能力の三本柱で整理し、具体的に描くべきではないか、ということです。

「この2年間で、子どもたちは、こうなってほしい」…このことについてはクリアに描こうということです。

今回の学習指導要領においては、全ての教科等が目標、内容ともに三つの柱で整理され、明示されています。「育成を目指す子どもの姿」も三つの柱で整えることで、両者の関係を明らかにすることができるはずです。

こうやって、教育目標の「見つめ直し」

がなされ、各学校で編成する教育課程に結び付いていくわけです。

先日ある研修会で、校長先生や副校長先生と一緒に、学校の教育目標をマトリックス表に落とし込むワークショップをしてみました。

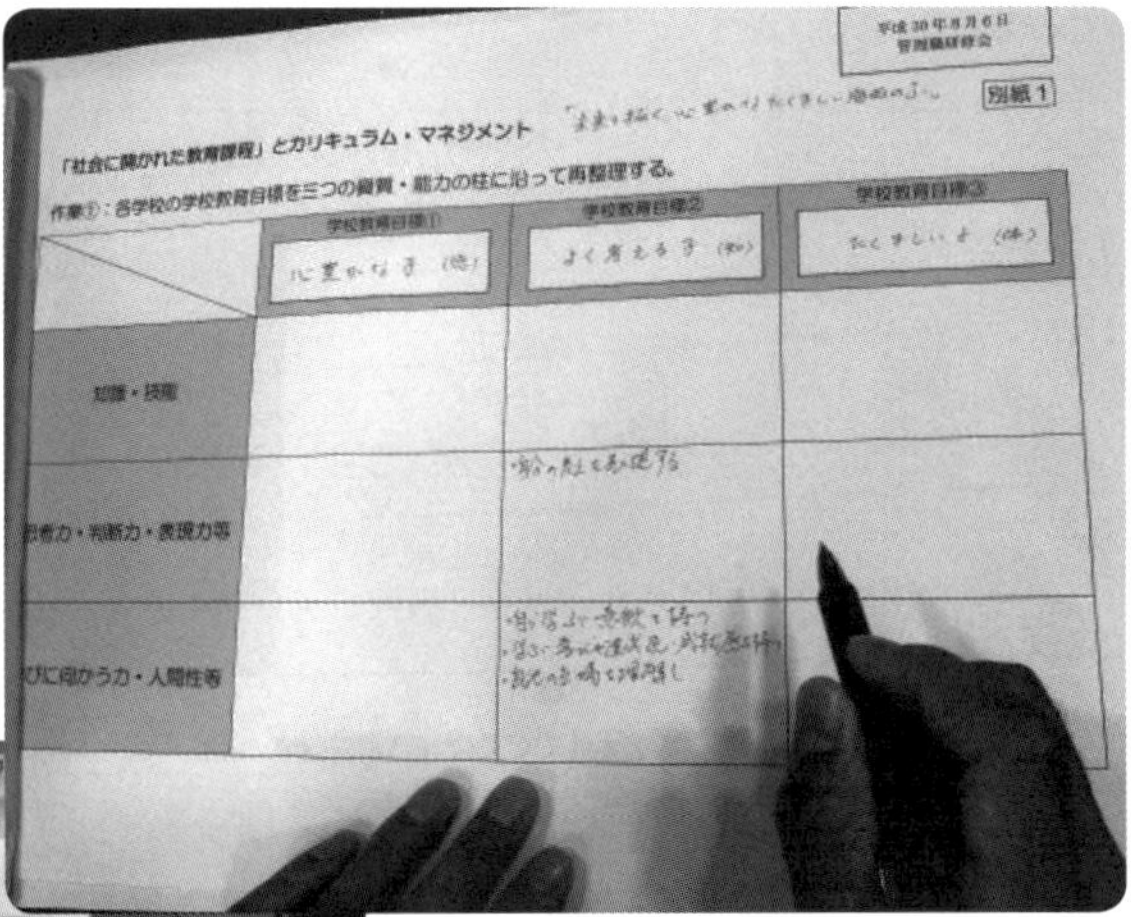


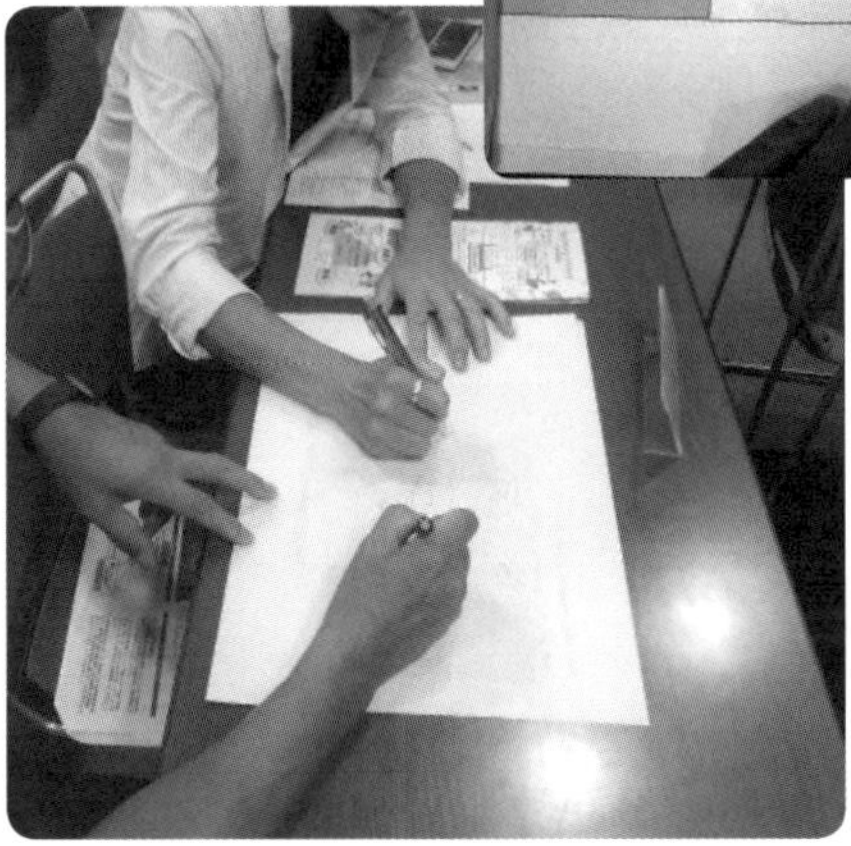

学校の教育目標をマトリックス表に落とし込むワークショップの様子

すると、実際に埋めやすいところと埋めにくいところ、書きやすいところと書きにくいところが出ました。

「はっきり書けるところははっきり書いていくし、書けないところは無理しない」との方

**短期目標としての「育成を目指す子どもの姿」を三つの資質・能力で具体的に描く**

①三つの柱、それぞれを一文で表すタイプ（三文）

②三つの柱、それぞれを具体的な姿で個別に表すタイプ（要素）

③三つの柱、全てを含んで一文で表すタイプ（一文）

針で進めました。

このような作業をしながら、先ほどの「育成を目指す子どもの姿」つまり短期目標を、目の前の子どもの姿と照らし合わせて考えていくわけです。

では、この短期目標はどのような表現になるでしょうか。

これまで全国の学校を見てきたところ、大きく三つのタイプがありました。

一つは、資質・能力ごとに一文ずつで書いていくタイプです。

上の①のように、「知識及び技能」について〜と書く。「思考力、判断力、表現力等」は〜と書く。「学びに向かう力、人間性等」は〜と書く。三つの資質・能力の柱、それぞれを一文で書いてみよう、というタイプです。

もう一つは、それぞれの一文の中に、例えば「思考力、判断力、表現力等」の要素が二つ、三つ入っていることがあります。その要素を際立たせたい場合は、一文にしないで、具体的な要素で書いていく②の学校もあります。

③は、三本柱を全部まとめて一文で表現するタイプです。「知識及び技能」、「思考力、判断力、表現力等」、「学びに向かう力、人間性等」を全部まとめて一文にしてしまうというものです。

それぞれの工夫でよいと思いますが、それぞれの特徴を押さえておくといいですね。

①は、三つの柱を明示した、オーソドックスなタイプ。
②は、より細かく要素を示すタイプ。
③が全部融合したタイプです。ひとまとめになっているので、コンパクトで一体となった姿をイメージしやすいかもしれません。

それぞれに、特徴や個性があります。各学校で判断して適切な表現様式を選択することが求められます。

①②③のタイプを紹介しましたが、いずれにせよ、こうして三つの資質・能力で具体的に描いた「育成を目指す子どもの姿」を短期目標として、カリキュラム、すなわち「グランド・デザイン」に反映させていくのです。

各学校では「グランド・デザイン」を構造化し、図などでわかりやすく示している学校と、いままでの学校経営計画のようなテキストの羅列のままの学校があります。

いずれにせよ各学校の教育課程の全体像を長期目標や短期目標と結び付けるわけです。

こうして考えていただくと、資質・能力を踏まえつつ、教育目標を明確にし、教育課程を編成することができるのではないかと思います。

多くの学校で、この「育成を目指す子どもの姿」と、「総合的な学習の時間」が

学習指導要領　総則 第２教育課程の編成

１各学校の教育目標と教育課程の編成

教育課程の編成に当たっては、学校教育全体や各教科等における指導を通して育成を目指す資質・能力を踏まえつつ、各学校の教育目標を明確にするとともに、教育課程の編成についての基本的な方針が家庭や地域とも共有されるよう努めるものとする。その際、第５章総合的な学習の時間の第２の１に基づき定められる目標との関連を図るものとする。

（下線は筆者）

短期目標としての「育成を目指す子どもの姿」を
三つの資質・能力で具体的に描く

① 三つの柱、それぞれを一文で表すタイプ（三文）
② 三つの柱、それぞれを具体的な姿で個別に表すタイプ（要素）
③ 三つの柱、全てを含んで一文で表すタイプ（一文）

総合的な学習の時間

↓

カリキュラム（グランド・デザイン：関係・俯瞰）

重なるはずです。

総則の第2の1の最後に「その際、第5章総合的な学習の時間の第2の1に基づき定められる目標との関連を図るものとする」とあるのはそのためです。

この「描き直した子ども像」を実現するために、いつ、何を、どのように行うのか、それぞれはどんな関係なのか、などから教育課程として編成するための見取り図、それが**「グランド・デザイン」**です。

## 「○○力」とは？

「グランド・デザイン」を考える際に、長期目標を見つめ直し、短期目標を「育成を目指す資質・能力の三つの柱」で表現してみようと話してきました。

ここでちょっと注意していただきたいことがあります。

学校によっては、「○○力」を育成したいという目標を掲げる場合があります。「課題設定力」「論理的思考力」「プレゼンテーション力」「コミュニケーション能力」など、それぞれの学校で育てたい力を「○○力」として定めているところがあると思います。

この「○○力」という汎用的能力と、三本柱からなる各教科等で育成を目指す資質・能力が併記され、目指す方向がダブルスタンダードのようになっている学校を目にすることがあります。

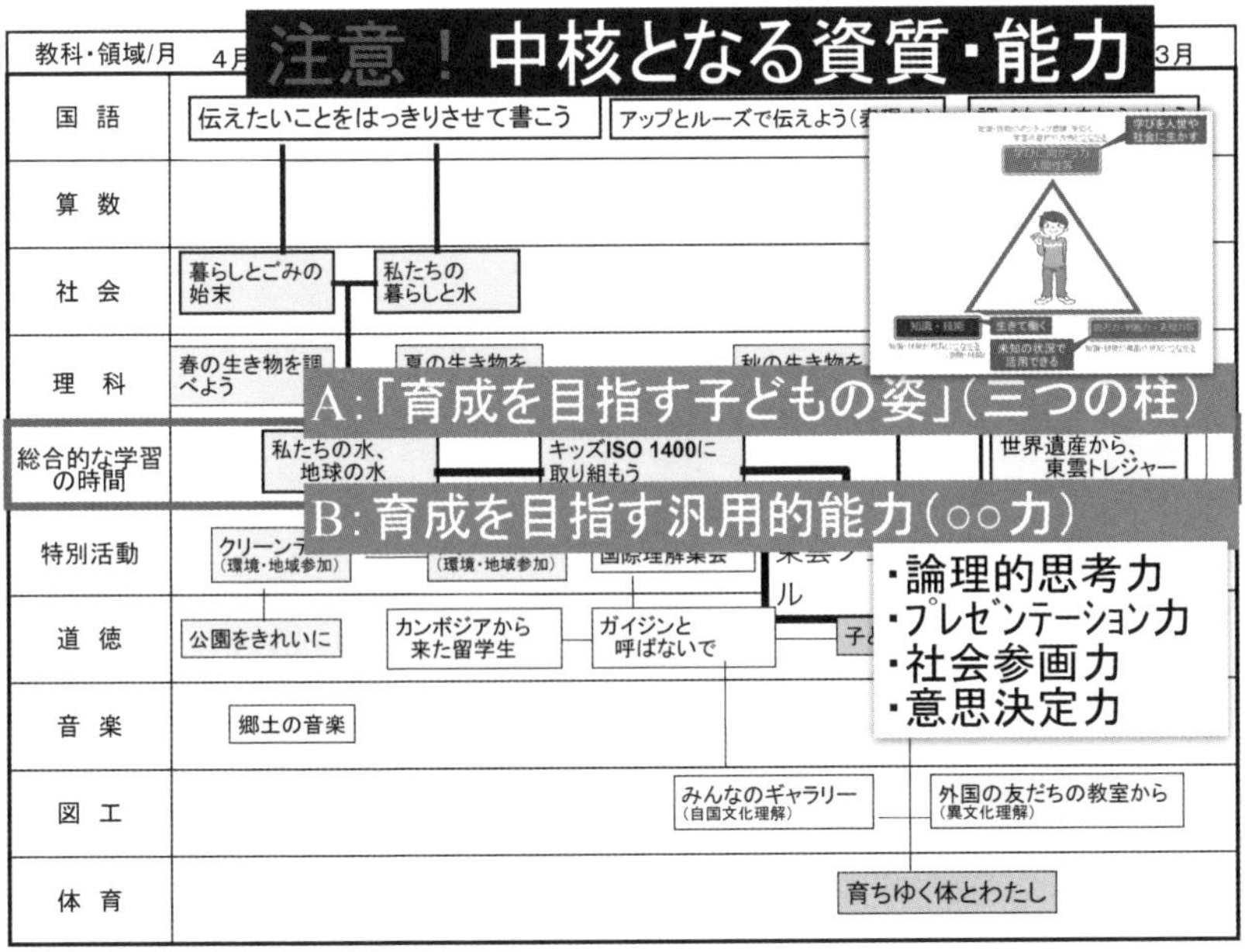


目指すものが二つ示されることで、混乱が生じてしまうのではないか、と懸念しています。

今回の学習指導要領では、各教科等が三つの柱で示されているのですから、いわゆる「○○力（図のB）」のほうをそのままにしておくと、「育成を目指す子ども姿（図のA）」との関係がはっきりとせず、混乱する可能性があるということです。

三本柱と「○○力」が存在している学校においては、「○○

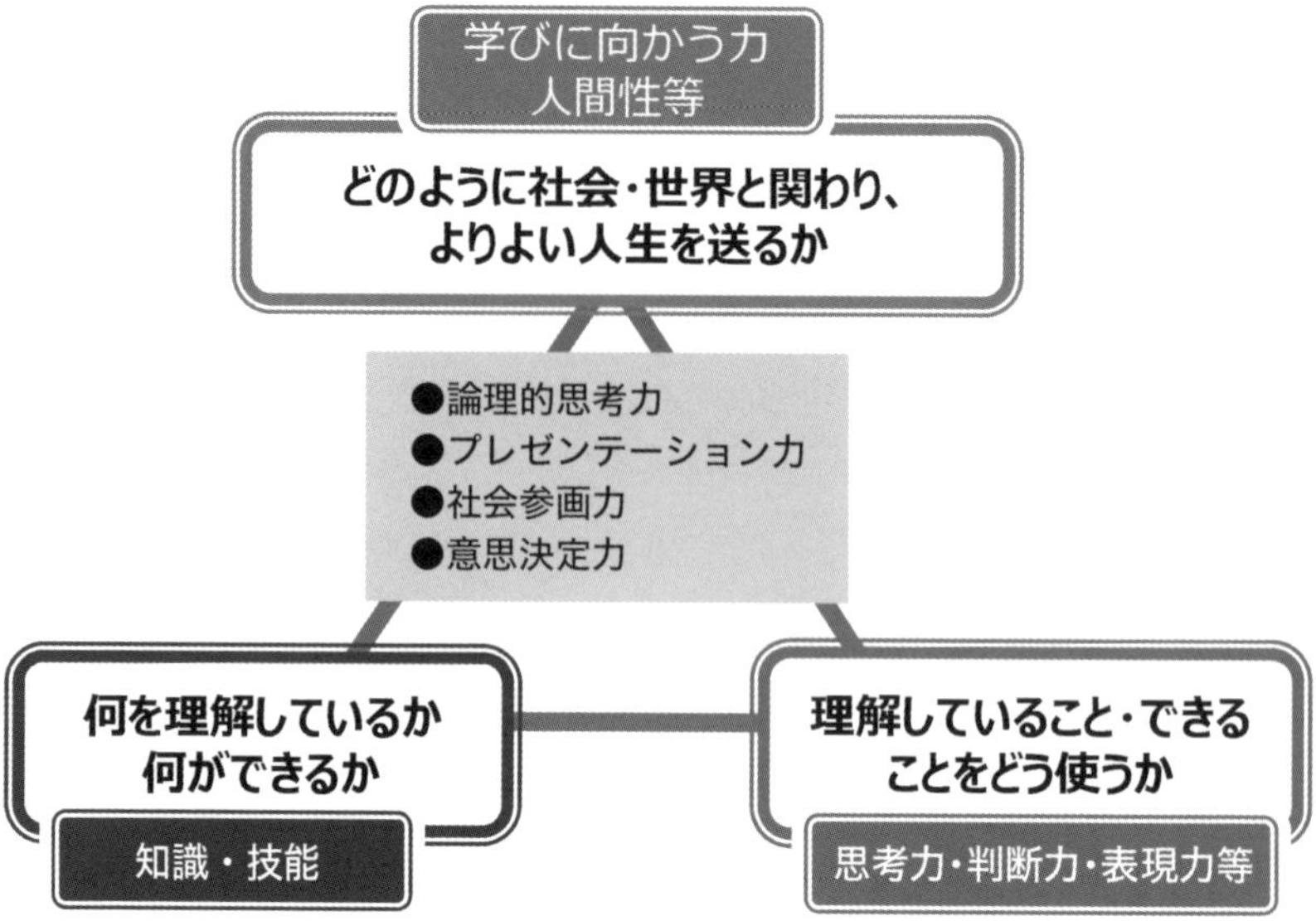


力」を三本柱にブレイクダウンする必要があると考えています。

簡単に言えば、各教科等が三本柱になっているので、「○○力」も三本柱に整理することをしない限りは、両者を関連付けることができないのではないかということです。

例えば、上の図で言えば「論理的思考力」「プレゼンテーション力」「社会参画力」「意思決定力」と三本柱の関係を一回確認し、整理しておかなければいけません。

このことに関しては、総則の第2

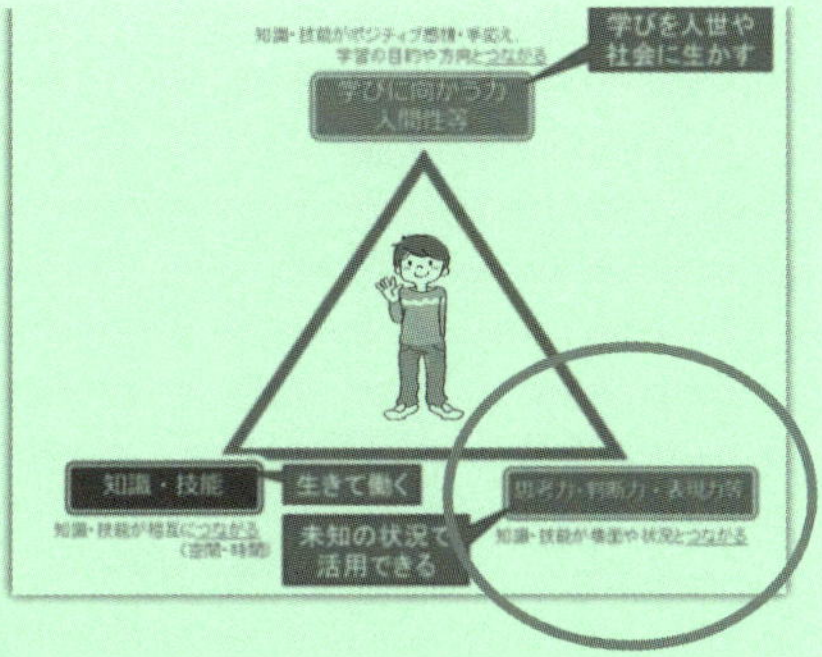


論理的思考力

↓

・知識及び技能
・思考力、判断力、表現力等
・学びに向かう力、人間性等

総則　第2 教育課程の編成
　2 教科等横断的な視点に立った資質・能力の育成
各学校においては、児童の発達の段階を考慮し、言語能力、情報活用能力（情報モラルを含む。）、問題発見・解決能力等の学習の基盤となる資質・能力を育成していくことができるよう、各教科等の特質を生かし、教科等横断的な視点から教育課程の編成を図るものとする。

（下線は筆者）

の2の(1)に参考として言語能力、情報活用能力、問題発見・解決能力が示されています。

では、ここで三本柱との関係を整理することを考えてみましょう。

論理的思考力とは、そもそも、論理的思考力を構成する、「知識及び技能」、「思考力、判断力、表現力等」、「学びに向かう力、人間性等」があり、それらが確かに育成された状態と考えたいと思います。

学習指導要領総則の解説を読めば

わかる通り、言語能力については、三本柱に分けて解説しています。

情報活用能力も三本柱で書いてあります。

一方で、皆さんの学校で設定した「○○力」をこの三つで書き始めたら複雑で大変です。その場合は自校で考えている、例えば、論理的思考力は、この三つの特にどこに関係があるかな、と考えるといいと思います。

すると「ここだよな」と言えそうではありませんか。

各学校で大事にしてきた「○○力」は、三本柱のどこにあてはまるか？と考えて、例えば「うちの論理的思考力は、『思考力、判断力、表現力等』に入るよね」というように、ある程度決め打ちしてしまう。

すると、例えば、論理的思考力、プレゼンテーション力、社会参画力、意思決定力は次のページのように分けることが考えられるということです。

こういった具合に考えていただければ、自校の「○○力」と三本柱を関連付けて整理することができるので、ダブルスタンダードにならなくて済むということです。

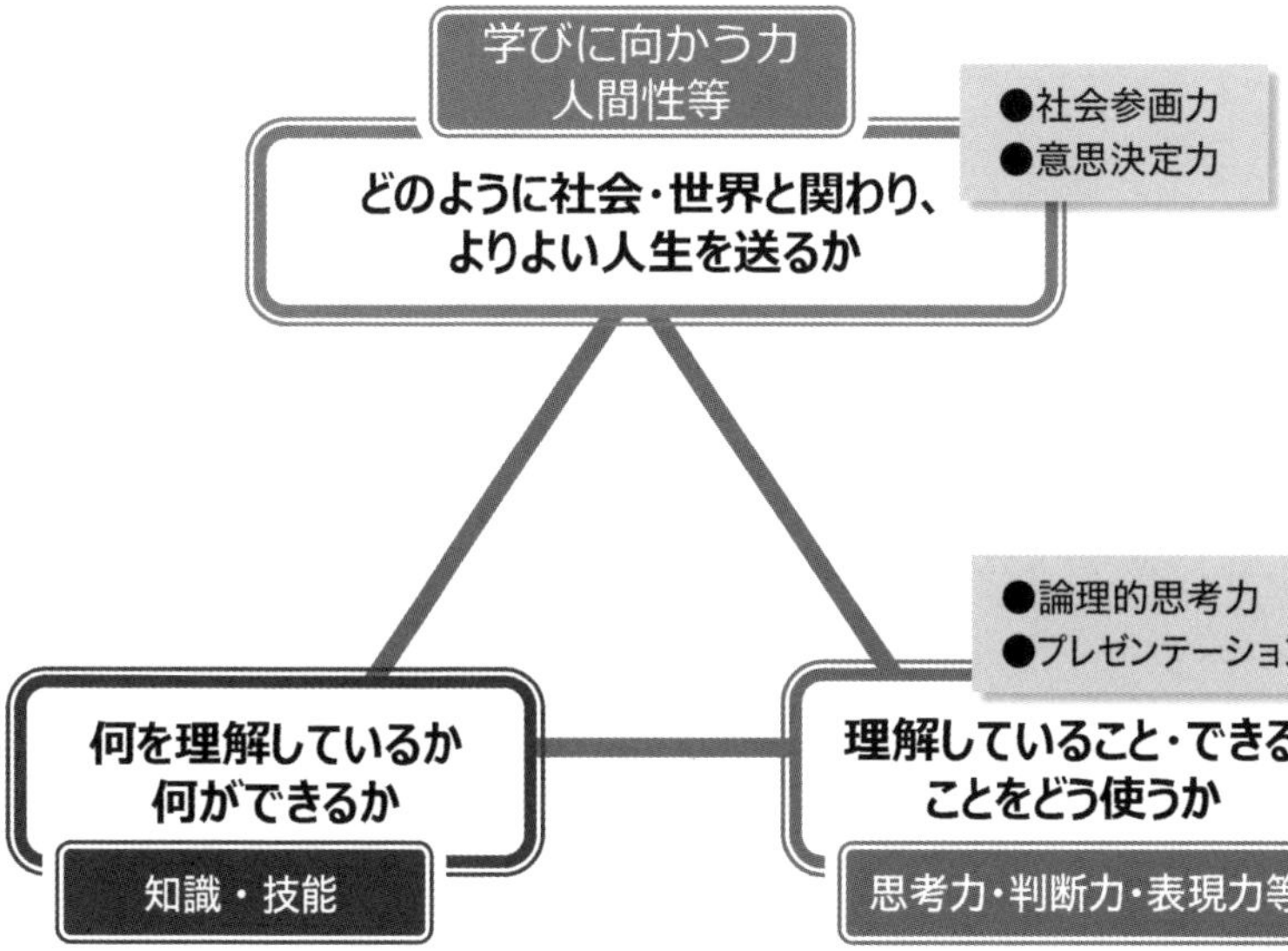


すなわち、自校で考えてきた「○○力」は三本柱のおよそどこに位置付くかを考えておく必要があります。

その際、「○○力」を三本柱に細かく分けてから再度位置付けるのは大変な作業なので、「うちで考えていた『コミュニケーション能力』は三本柱の『思考力、判断力、表現力等』に入る」というように、実際に入れつつ具体化すればいい、ということです。

そうすれば、教科で掲げている資質・能力とかみ合い、ダブルスタンダードにはならないで済みます。こうしていくことで、カリキュラムが整理されていくのではないか、と考えています。

## 学校の独自性を大切に

A校とB校で同じ「○○力」という目標を掲げているケースも多く見られます。

確かに、似たような言葉だけれど、その具体はちょっとずつ違うはずです。

つまり、例えば「コミュニケーション能力」だとしても、A校では「私たちが言っている『コミュニケーション能力』は双方向の意味合いで使っている」、B校では「うちがやっている『コミュニケーション能力』はむしろ発信という意味合いを強調して使っている」といった具合に、学校によって違いがあります。

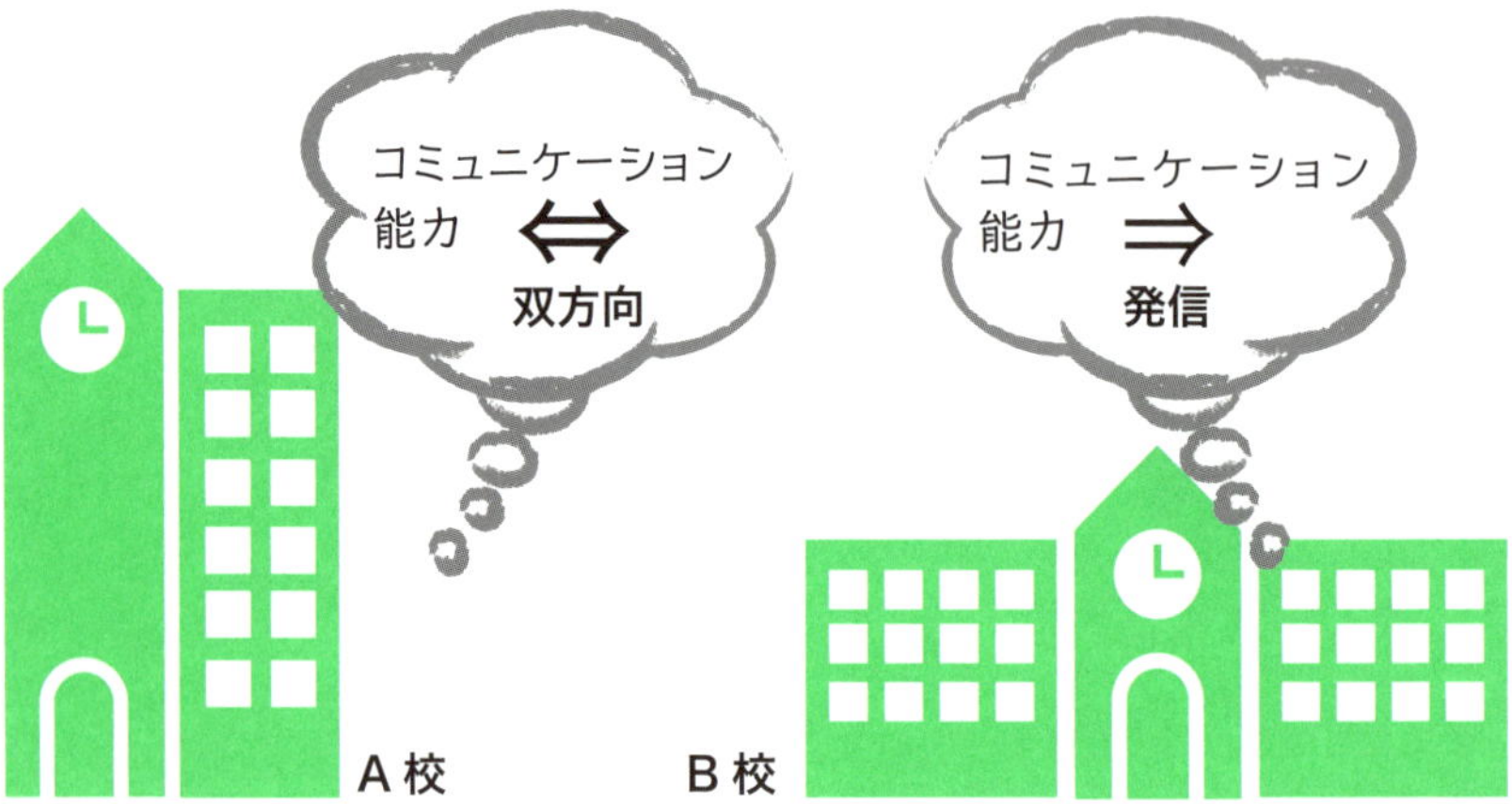

**大切なのは、それが三本柱のどこにウエイトがかかっているかを見極めること**です。

「うちが言っている『○○力』は三つの柱のどこに足場があって、具体的に言うとこうです」というところまで整理することができれば、「ここところ」というように各教科等で育成を目指す資質・能力との間をつなげてシンクロさせやすい。

もともと四つの「○○力」を決めていたある学校では、それを三本柱に整理するという細かい作業に挑戦しました。大変な作業であったようですが、そのチャレンジによって「私たちが目指していた『○○力』がはっきり見えてきた、と言っていました。

「私たちが考えていた『○○力』は、国語科と関係が深いことが見えてきた。他の教科とつなげようと思っていたけれど、やはり国語科だ」ということを話してくれた学校もあります。

「○○力」というラベルの上では見分けがつかないけれど、具体に落としたら見えてくるということがあるようです。

## 「グランド・デザイン」を共有しよう

「グランド・デザイン」は、学校の教育課程全体を描くプランニングですから、トップリーダーの校長先生や、それを支える学校全体を牽引していくような立場の方が関わることが多いでしょう。

学級をもち、実際に授業をしている一人ひとりの教師にしてみれば、学校としてつくった「グランド・デザイン」自体を、理解することはあっても、それを描くことに直接関与することは少なかったかもしれません。

校内の役割がありますので、ある程度やむを得ないし、それでよかったのだと思います。ですが、今回の改訂では教員全員の関わりが求められているわけです。できればここに、トップリーダーのみならず、多くの学級担任の教師にも関わってほしいと考えています。

さらに、最近のコミュニティスクールのように、地域の方々の声や保護者の意見を入れることができれば、より豊かな形になっていき、可能性が広がると思っています。

教育課程の編成というのは、内容と時間をどう構成するかということです。この「グランド・デザイン」を描くときに、今回の新しい学習指導要領の目指している「育成を目指す資質・能力」を踏まえて、そこに向かう大きな指針を構造的に描いてほしいのです。

ここまで話してきた通り、**長期目標は「見つめ直し」、短期目標を三本柱で「見直し」てほしいと**考えています。

この「グランド・デザイン」については、学校によっては、デザイン化・構造化して描いてきた学校もあれば、「学校経営方針」といった形で、文字言語を中心にしてテキスト化しているところもあります。

テキストが悪いわけではありませんが、テキストのものは関係性や構造が案外見えにくいところがあるのも事実です。

「グランド・デザイン」のポイントは関係性が見えて俯瞰できるということですから、私は**構造化された**マップのような**一枚物**にしたほうがよいのではないか、と思っています。

全体にちりばめられている様々な要素が、どうつながり合って、関係を保ちながら構造化されているかを示したものが、学校全体の「グランド・デザイン」です。この「グランド・デザイン」が改革の鍵となります。

絵にするにしても文字にするにしても、学校にある多くの要素が、どうつながり合い、影響し合って、期待する子ども像に向かっているのかを、見えるように描くことが必要になってきます。

学校として、具体的に育てたい子どもの姿を描き直すこと。そして、そこに至るためには、各教科等を中心に、教育環境、教育資源をどのように整備し関係付けながら、そこにたどり着くのか、という道筋を描き直していくことが大切です。

◎「育成を目指す資質・能力の三本柱」と擦り合わせ、自分たちが育てたい「具体的な子ども像」を描く。

◎知・徳・体となっている教育目標を、三本柱とのマトリックス表で分析し「見つめ直す」。

ここがポイント

◎我が校で大事にしてきた「○○力」は、三本柱のどれにあてはまるか？と考え整理すればシンクロさせやすい。

# 単元配列表の
# つくり方

## 「単元配列表」を描くとは？

「カリキュラム・デザイン」には、「グランド・デザイン」という「全体計画」と、単元全体を俯瞰できる「単元配列表」と、具体的な「単元計画」を描くという三つの階層があることを紹介しました。

そして、この三つの階層の中でも、実際に授業を行う教師には、「単元配列表」と「単元計画」が、特に関係が深いと考えられること、さらに、これまでの教師の取り組みから考えると、より重要なのは「単元配列表」になると話してきました。

ここからは「単元配列表」を描くことについて考えていきましょう。

「単元配列表」については、全国的に見ても温度差があります。「単元配列表」を積極的に活用しているところもありますが、一方で「はじめて聞いた」というところもあるのではないでしょうか。

そういう意味からも、この「単元配列表」が、「カリキュラム・マネジメント」の鍵をにぎるのではないかと考えています。

つまり、グーっとフォーカスしていけば、「カリキュラム・マネジメント」という抽象度の高い言葉を「カリキュラム・デザイン」に引き付けて、その上で、一枚物で全ての学びを俯瞰する「単元配列表」の作成へと絞り込んでいくことができるのではないかと考えています。

これが今回の学習指導要領で言われてきた「学びの地図」だと捉えていくと理解しやすいと思います。

学習指導要領をいくら読んでも、文字しか出てきません。なかなか地図っぽくはないのです。しかし、この全体を描いた状態の「単元配列表」をイメージしてもらえれば、子どもの学びの全体をマップのように俯瞰して見ることができるのではないでしょうか。

そして、この「単元配列表」が、「学びの地図」の具体的な表れだと捉えると、キーワードがよりよく理解されてくるものと考えます。

「カリキュラム・マネジメント」には「カリキュラム・デザイン」、「PDCAサイクル」、「内外の資源の活用」の三つの側面がありますが、「カリキュラム・デザイン」

の中に位置付く「単元配列表」の作成は自ずとＰＤＣＡサイクルに向かっていきますし、様々な教育資源をどうやって生かそうか、という話にもなっていきます。「単元配列表」を描くところにウエイトを置きつつ、取り組んでいくことが現実的ですし、そのことが他と連動することも期待できます。

## 「単元配列表」で何が変わるの？

各教科等間の関連を俯瞰して見ることができるようになると、授業をする教師にとっては見通しが立つことになります。

もちろん学んでいる子どもにとっても意味があります。実際に一人の子どもが複数の教科等を学ぶわけですから、いろいろな教科等が関連付いていくことは、学び手の立場からすれば、役立ち感や有用感を実感するということになります。

では、「単元配列表」はどうやってつくるのでしょうか。

各学校には各教科等の年間指導計画表があります。個別の年間指導計画表は横長のバーのように表現することができます。

このバーを全部くっつければ一枚物のマップになるというイメージです。

「単元配列表」については、学校種でいうと、小学校では作成している学校が多く、中学校になると減ってきて、高校になるとほとんど見当たらない状態でしたが、最

単元配列表を作成するイメージ

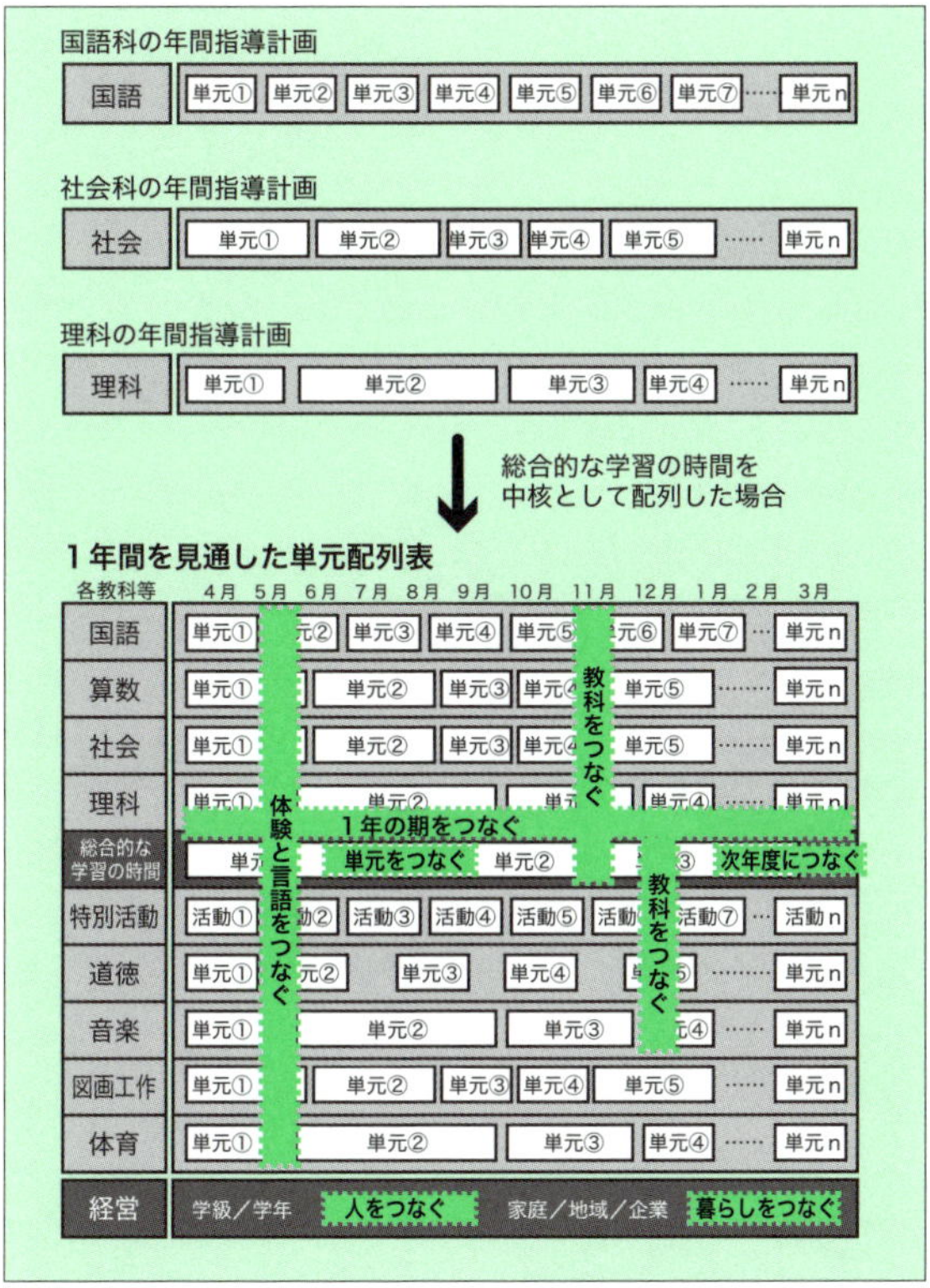


『カリキュラム・マネジメント入門』東洋館出版（田村学　編著）より

近、中学校や高校の教師も作成し始めています。

　全国的に見ると、自治体単位で作成に差があります。積極的に準備しているところもあれば、全然というところもあります。

　ある市では、「単元配列表」をつくりやすくするためのソフトウェアを供給しています。

　また、最近は民間で「単元配列表」が作成できるソフトウェアを開発して、皆さんの手元に届けていると

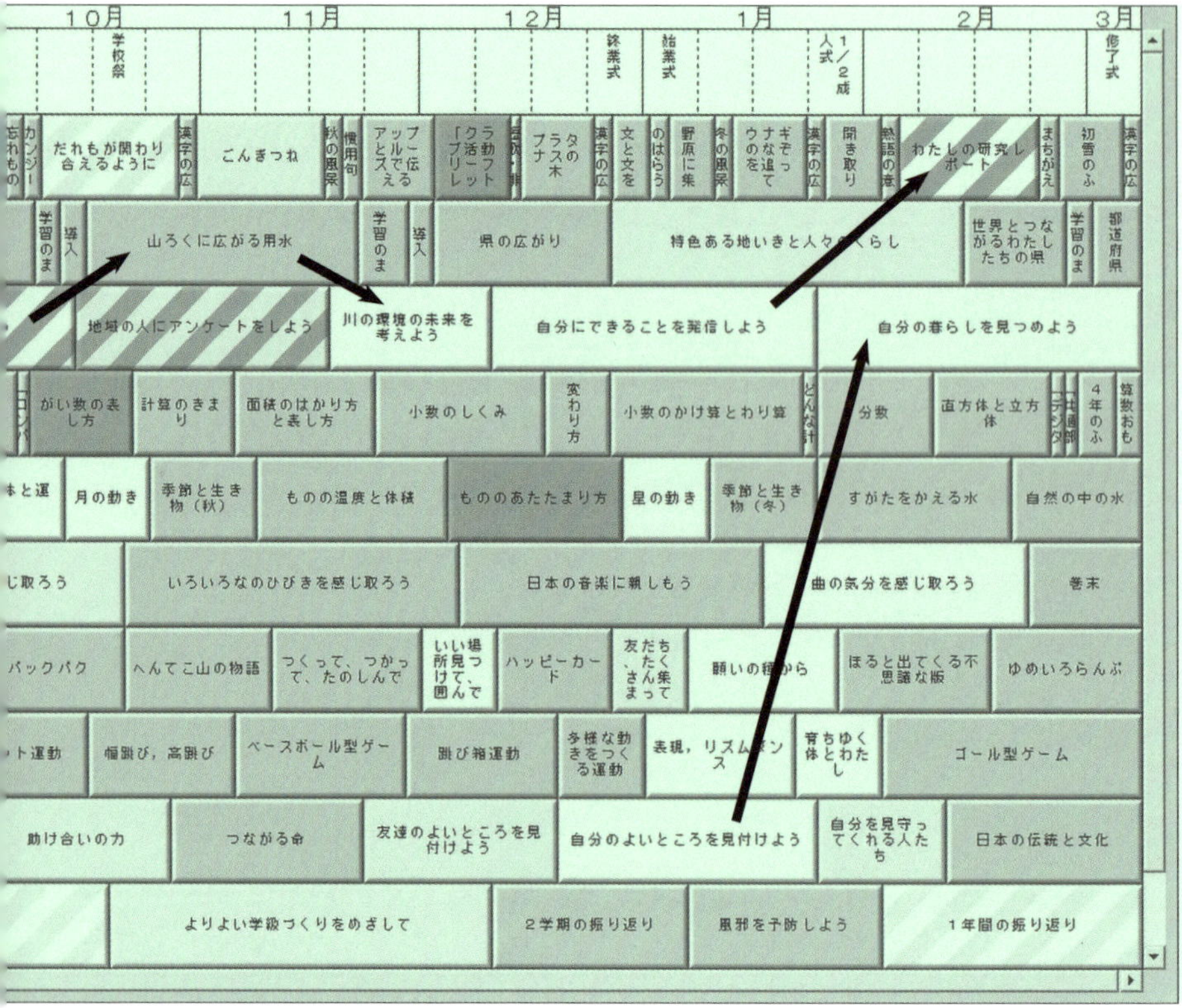

ころも出てきています。

各教科等の年間指導計画を一枚物にすると、子どもの学びの点と点が線でつながります。**様々に育つ資質・能力が互いにつながって連動していく姿が想像できる**と思います。

簡単に言えば、前で学んだことがあとで使える、ということです。

国語科で学んだ表現する力が、社会科でも理科でも発揮されるし、総合的な学

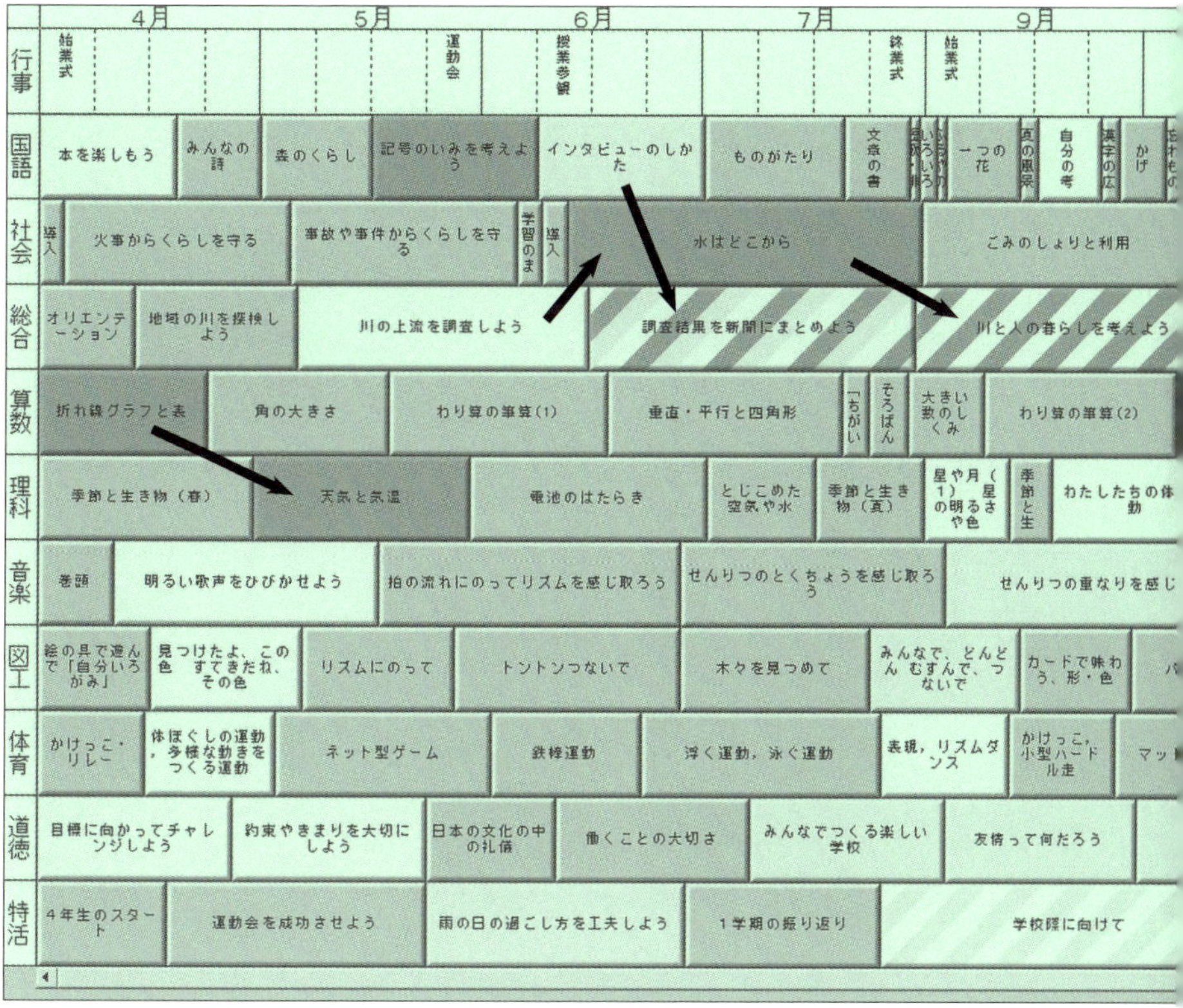


<単元配列表（4 年）の例>文溪堂「てんまる 2018」年間指導計画作成機能にて作成

習の時間で役に立つこともある。算数科で学んだ統計の知識や技能が理科や社会科で実際に使えるものになる。各教科等間において資質・能力が「活用・発揮」されるということです。

いままでは、個別の教科等の範囲の中だけで考えがちだったわけです。個別の教科等の中でも小単元や単元の範囲でしか考えていなかったものが、教育課程全体に広がり、教科等間に広がり、もっと言えば1年生、2年生、3年生、と学年を越えて、「活用・発揮」が生まれるということです。

つまり、**「単元配列表」を描くと、資質・能力の「活用・発揮」が、カリキュラム上、具現されやすくなっていく**のです。

この本の最初に話した通り、「活用・発揮」が「深い学び」に向かう最大のポイントです。

「活用・発揮」して知識を構造化し、高度化していくと「使える知識」になる、というイメージです。

そのような「使える知識」に向かうのが「深い学び」なのです。

「単元配列表」があると、カリキュラム上、「活用・発揮」が生まれやすくなると考えることができます。

これまでは無自覚のまま、感覚的に「活用・発揮」を生み出していたのかもしれません。

「単元配列表」を使い、意図的に単元を配列することができれば、資質・能力を**「活用・発揮」する可能性が割合として高くなる**ことが期待できます。

アクティブ・ラーニングというのはそれを授業の中でやりましょうということです。

授業中に発表したり、話し合ったりするということは「活用・発揮」を意味します。

**授業の中の「活用・発揮」がアクティブ・ラーニ**

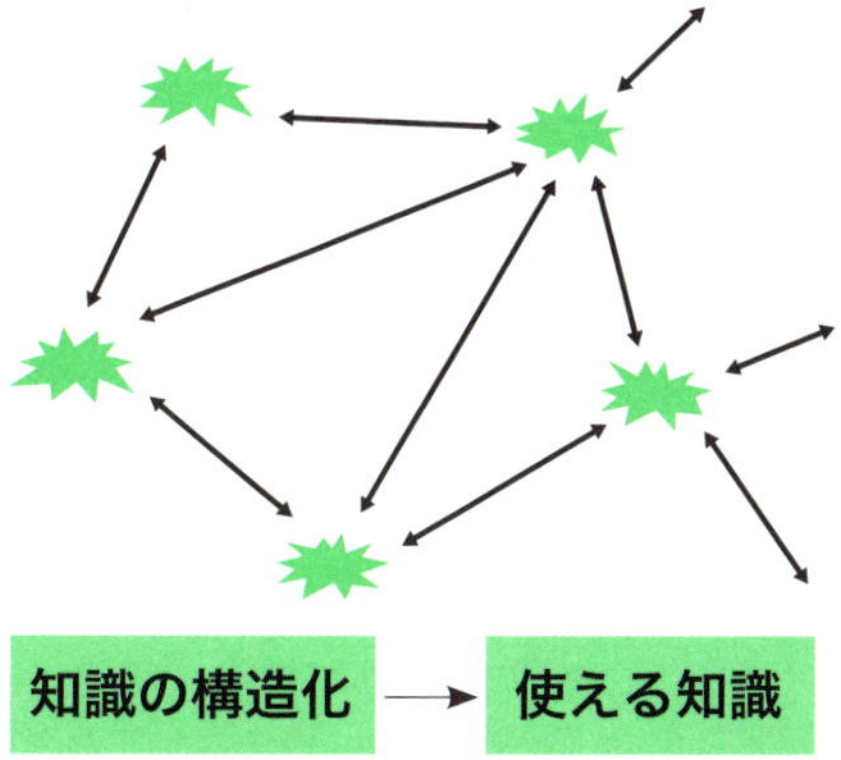

**ングであり、カリキュラム上に「活用・発揮」を入れていくのが、「カリキュラム・マネジメント」におけるカリキュラムのデザインということになる**と思います。

「単元配列表」の作成によって、資質・能力の関係性が見えてきます。

そこには三つの「活用・発揮」が考えられます。

ア：単元間の「活用・発揮」（前後関係）
イ：各教科等間の「活用・発揮」（横断関係）
ウ：学年間の「活用・発揮」（上下関係）

ア：単元間の「活用・発揮」は、これまでの年間指導計画においても見ることができたわけですが、イ：各教科等間の「活用・発揮」は、「単元配列表」でないと見えません。しかも、この「単元配列表」のシートが学年分重なれば、ウ：学年間の「活用・発揮」も見えてきます。

つまり、「単元配列表」が用意されると、**カリキュラム上の「活用・発揮」の可能性が上がる**ということです。

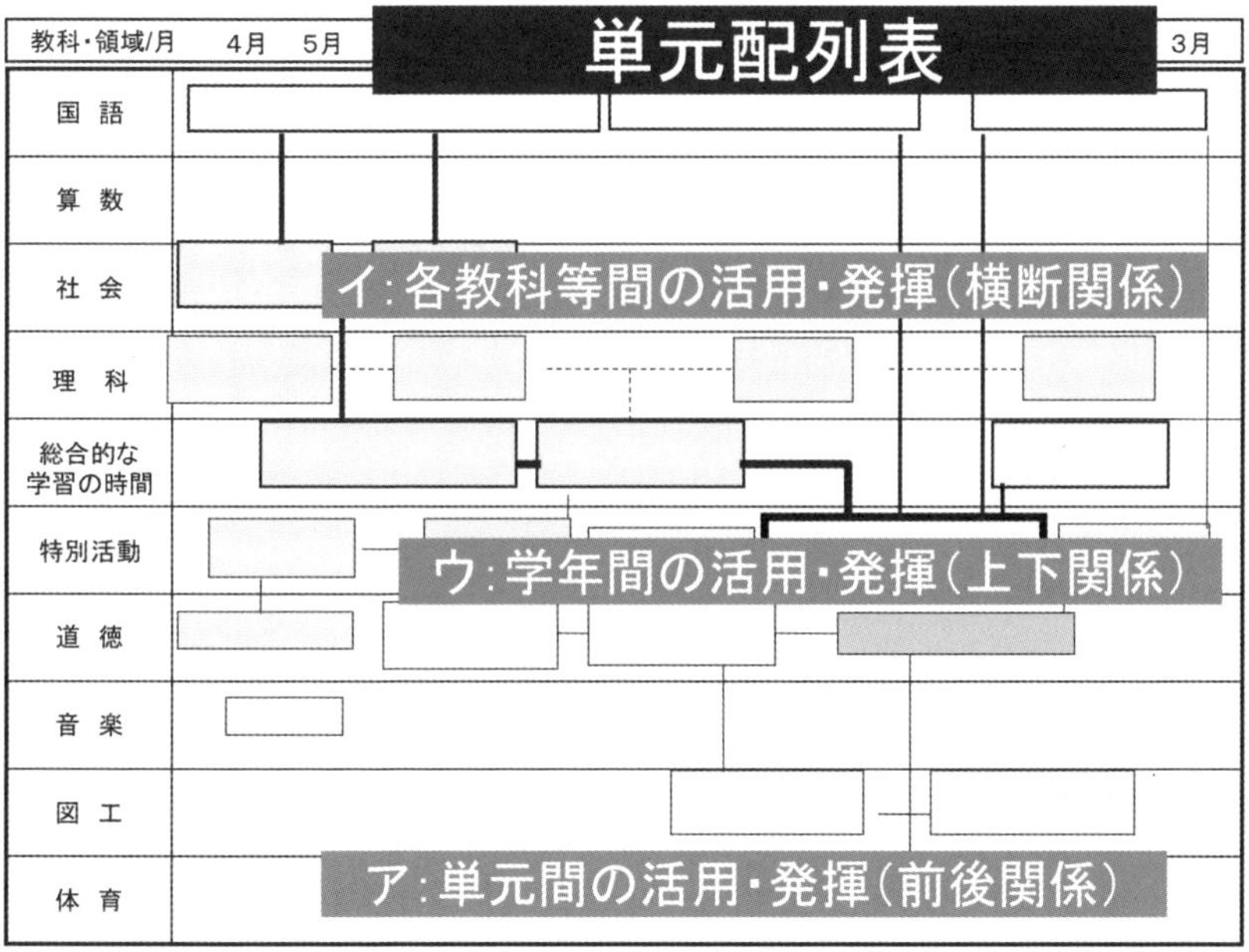


各学校で「活用・発揮」にチャレンジするときに、授業改善でも「活用・発揮」し、カリキュラムでも「活用・発揮」するという両輪を動かそうとする学校もあれば、片輪だけの学校もある。何もしない学校もあるかもしれないということです。

ここまで示してきた通り、最大のポイントがイ：各教科等間の「活用・発揮」（横断関係）です。

このイを実現するにはどうすればよいでしょうか。

イのイメージは、これまで次のようでした。

例えば、社会科で学んだ「水」の学習を、総合的な学習の時間でも「水」を扱うから「水」でつなげようかな、といった関連付けの仕方です。

このことについては少し考え直して、もう一歩**進化しなければならない問題**だと考えています。

これまで、単元間の関連付けの際によくやる方法が、扱う対象を関連付けることだったわけです。

「水」と「水」、「米」と「米」、「いのち」と「いのち」といった学習対象によって関連付けを考えるのは、いままでの発想でした。これからは発想を変えて、「育成を目指す資質・能力」でつないでいくことが大切だと考えています。

つまり、社会科で「米」について学んで、総合的な学習の時間で稲を栽培しているからつなげる、という発想ではなくて、国語科の資質・能力として、こういう表現の仕方について学んでいるから、それを総合的な学習の時間で活用し発揮する、といった発想にしていきたいということです。

全ての教科等の内容が「育成を目指す資質・能力の三つの柱」で示されたことは先に確認した通りです。全ての教科等がこの三つで示されたのですから、関係付け

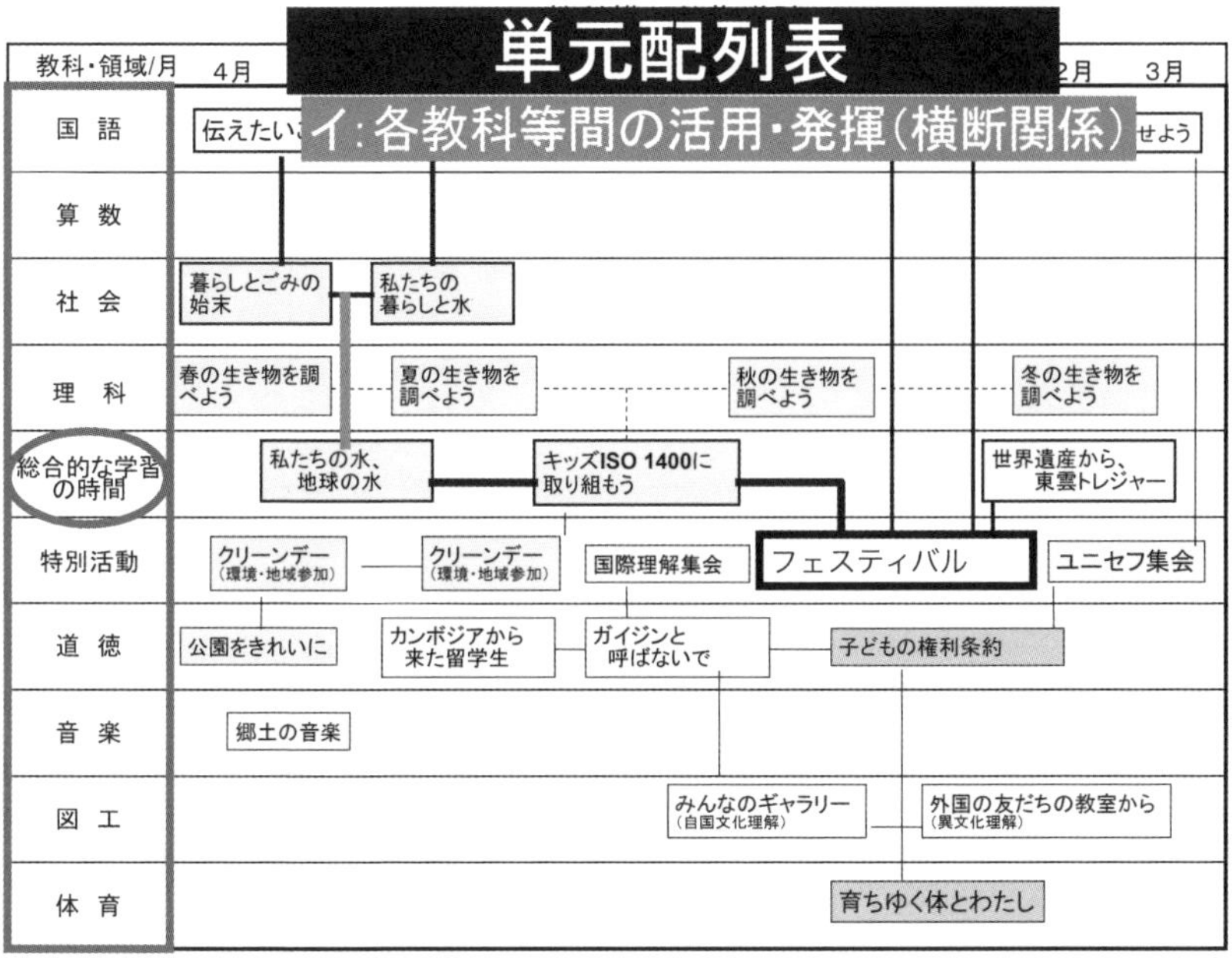


のさせ方も資質・能力の育成に役立つものとして考えるべきだと思っています。

「単元配列表」でやることは大きく言って二つあります。一つは単元の位置関係の操作です。もう一つが各教科等間の関係付けです。

これを考え単元を配列していくと、資質・能力のつながりがいままでよりクリアになっていくと思います。

その際、教科の並び順は重要なものと言えます。上の図の学校では真ん中に総合的な学習の時間を置いています。

なぜかというと、総合的な学習の時間と他の教科等との関連付けこそが最も実現しやすいと学校として判断しているからです。

あるいは総合的な学習の時間を中心に育てたい子どもの姿を実現しようと考えているからです。結果的に、真ん中・中核にある総合的な学習の時間と多くの線が結び付けられることになると思います。

もちろん、学校によっては別の教科等でもいいと思います。国語科を真ん中に置いて、言語能力でつないでいく考え方もあるでしょうし、道徳を真ん中に置く考え方もあるかもしれません。それは学校次第でしょう。

いずれにせよ、「単元配列表」ではドットとドットをコネクトすることになります。すなわち点と点を結ぶわけですから、何かをつながなければいけない。それが三つの柱の「知識及び技能」「思考力、判断力、表現力等」「学びに向かう力、人間性等」で結ぶということです。

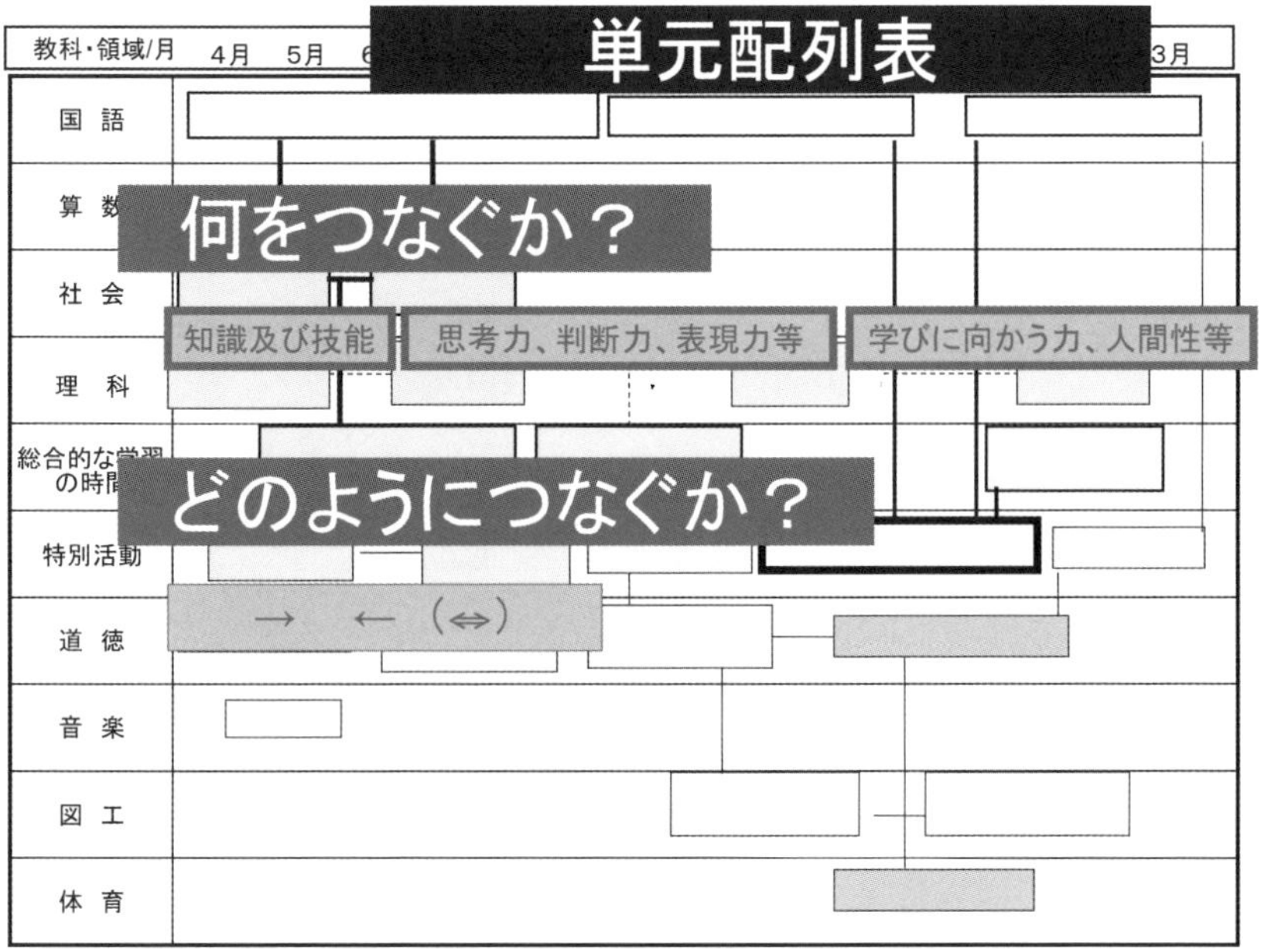


いままでの学習指導要領と異なるのは、全ての教科等が三つの柱で示されていることです。ここがクリアになっているので、つなぎやすくなっていることは確かでしょう。

次は、どのようにつなぐかです。点と点ですから「←」か「→」の二通り。基本的な考え方は「前に学んだものをあとから使う」という関係になるはずです。時には、同時という関係があるかもしれません。

ただ、こうやって関係のある資質・能力を線で結び始めると、「単

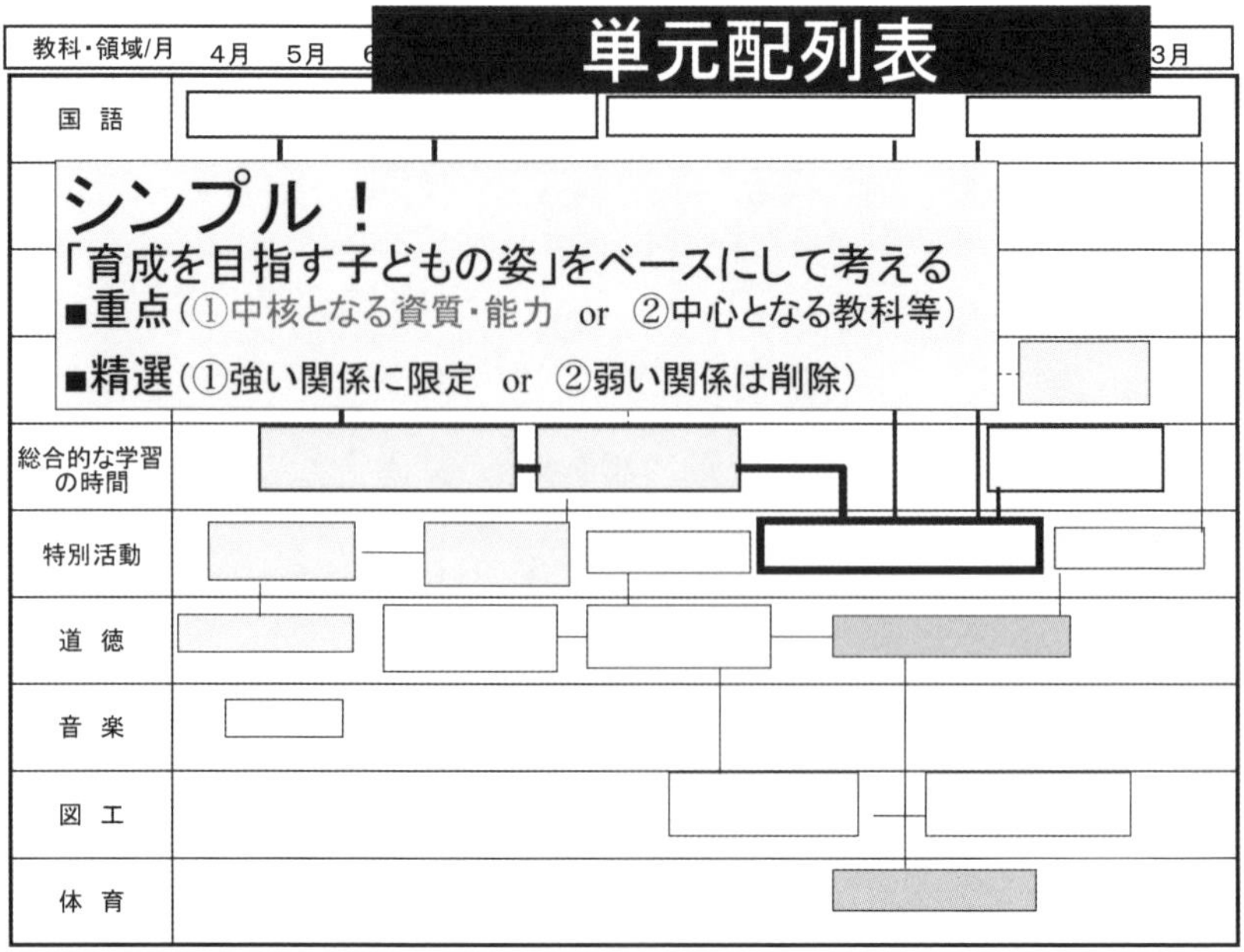


元配列表」に線がいっぱい引かれるようになります。「こことここも関連している」「こことここもつながる」…と、どんどん線が引かれると、複雑になります。複雑になると、実現の可能性が低くなります。

ここで大切なのは「シンプルにする」ということです。

「シンプルにする」とは、感覚的に減らせばいいということではありません。そこには理由が必要です。校内で統一された考えのもとでシンプルにしていくことが大切になります。

ここに「育成を目指す子どもの姿」が登場するわけです。これをベースにして考えるということです。

学校としての中核となる資質・能力、「育成を目指す子どもの姿」が明確にあるはずです。その資質・能力に関する線は残そうということです。

短期目標としての「育成を目指す子どもの姿」は、例えば「この三年間で○○を伸ばそう」というものです。そこは大切にして線を引き、それ以外は無理をして関連付けを図らない。こうして取捨選択していけば重点がクリアに見えてくるのではないか、という考えです。

先に、「グランド・デザイン」で明確にしてきたことが、「単元配列表」に生きてくるということです。

例えば、総合的な学習の時間を中心に考えたい学校ならば、総合的な学習の時間

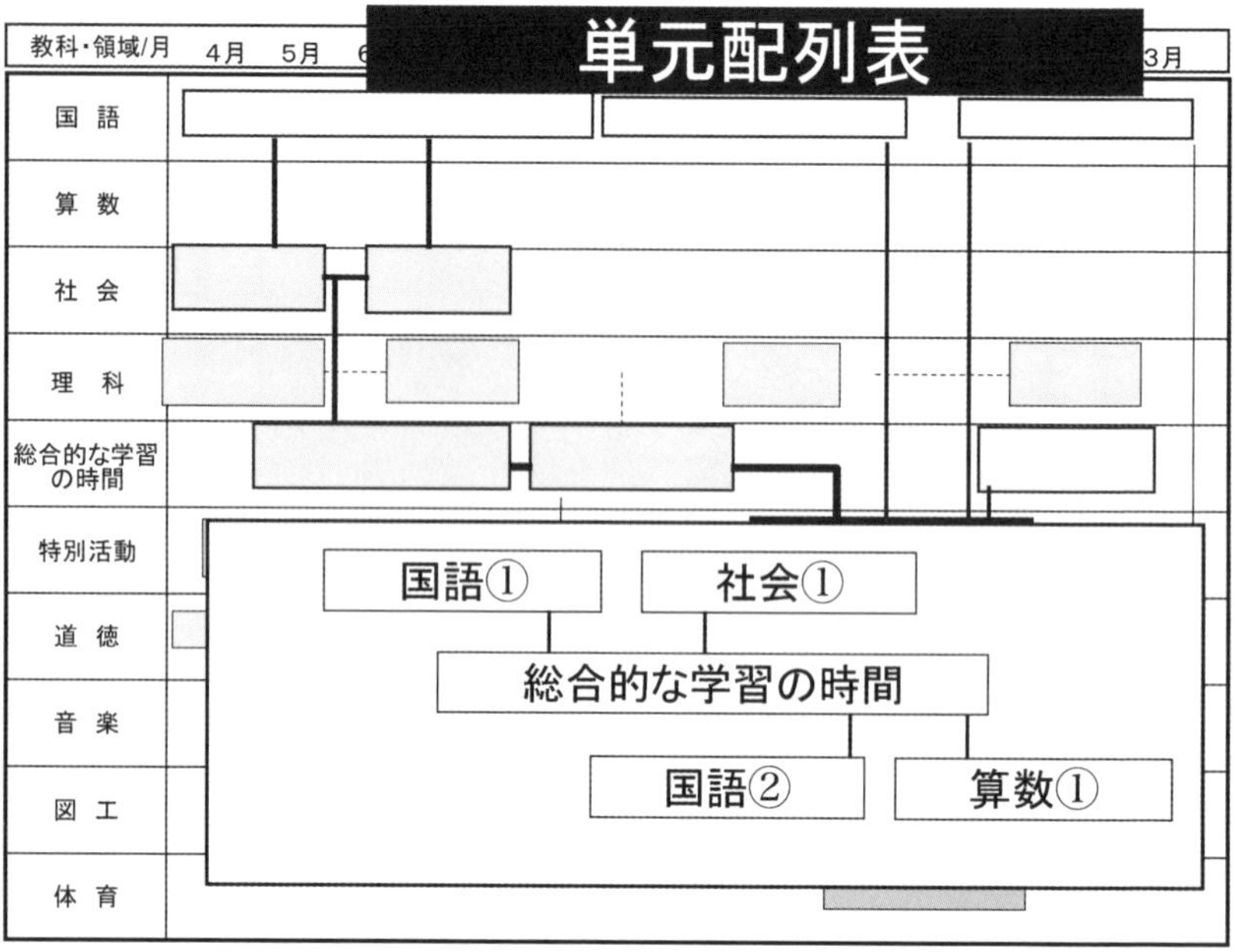


と各教科等を、「育成を目指す子どもの姿」で結ぶわけです。「国語科の単元とつながるな」とか、「社会科のあそこともつながる」とか、「算数科のこともつながるぞ」となってきます。

この中核となる各教科等と「育成を目指す子どもの姿」を資質・能力を関連付ける際の視点としていくわけです。

あれもこれもと線を引いて結び付けようとするのではなく、重点化を図っていくことが大切です。

ポイントを絞ってデザインすることこそが、「活用・発揮」の場面の実現可能性を高めるのではないか、ということです。

## 思考スキルを関連付ける

例えば、ある学校では、「育成を目指す子どもの姿」の「思考力、判断力、表現力等」として、「比較、分類、関連付け、多面・多角などの考え方を使って論理的に考えることができる」と整理し、設定することもあるわけです。

その場合は、比較する、分類する、関連付ける、といった「思考スキル」をもとに単元の順序を考え、関連付けを図りたいという学校があるかもしれません。

この「思考スキル」について、今回の学習指導要領では、総合的な学習の時間に「考えるための技法」という言葉ではじめて示されました。

しかも総合的な学習の時間の学習指導要領解説の第5章に、この「思考スキル」が10個例示されています。

## 考えるための技法「思考スキル」

〇順序付ける

・複数の対象について、ある視点や条件に沿って対象を並び替える。

〇比較する

・複数の対象について、ある視点から共通点や相違点を明らかにする。

〇分類する

・複数の対象について、ある視点から共通点のあるもの同士をまとめる。

〇関連付ける

・複数の対象がどのような関係にあるかを見付ける。

・ある対象に関係するものを見付けて増やしていく。

〇多面的に見る・多角的に見る

・対象のもつ複数の性質に着目したり、対象を異なる複数の角度から捉えたりする。

〇理由付ける（原因や根拠を見付ける）

・対象の理由や原因、根拠を見付けたり予想したりする。

〇見通す（結果を予想する）

・見通しを立てる。物事の結果を予想する。

〇具体化する（個別化する、分解する）

・対象に関する上位概念・規則に当てはまる具体例を挙げたり、対象を構成する下位概念や要素に分けたりする。

〇抽象化する（一般化する、統合する）

・対象に関する上位概念や法則を挙げたり、複数の対象を一つにまとめたりする。

〇構造化する

・考えを構造的（網構造・層構造など）に整理する。

学習指導要領解説　総合的な学習の時間編　第５章

先にも示しましたが、「自分の学校では論理的な思考力を育てたい」と考えたとし、もう少し詳しく資質・能力の「思考力、判断力、表現力等」として示すなら、「比較、分類、関連付け、多面・多角的に見るなどして自在に考えることができるような子ども」とイメージすることもできます。

ここを中核に、関係のあるところは関連付けをして単元を配列するわけです。

「思考スキル」について、総合的な学習の時間以外に、他の教科等がどうなっているかを見ておきましょう。

国語科の学習指導要領の内容、知識及び技能には、情報の扱い方として、この「思考スキル」に関することが示されています。

社会科にも目標に示されているだけではなくて、内容にも示されています。算数科も、先の思考スキルに関する表現が出てきます。理科もそうです。比較、関連付け、要因、条件制御、多面的、といったように、明確に示してあります。

「単元配列表」は、短期目標としての「育成を目指す子どもの姿」と、その育成を目指す中核となる各教科等を中心にして順序を考えたり、関連付けたりして配列する、ということになります。

かつての「単元配列表」は、なんとなく「米と米」「水と水」で結び付けていたところがありました。これからは、資質・能力レベルでつなげることの重要性が理解できるのではないでしょうか。

先日、ある小学校の先生と話をしていたら、こんなことを言っていました。

「実は、最初は『米は米でつなぎたい』と思っていたのです。しかし、実際にやり始めたら、やはり資質・能力で結び付けているほうが、子どもたちの力を伸ばすことができる関連付けになりそうな感じがしてきたんです。」

別の小学校でも、資質・能力を明確に分析して、自校の教育課程としてのカリキュラムをデザインすることに取り組んでいます。

各教科等を越えて資質・能力をつなぐカリキュラムがデザインされ始めると、子どもの学びも変わってくるはずです。

先日ある中学校で国語科と社会科の授業を参観しました。

1時間目が国語科で「高瀬舟」の学習をしていました。高瀬舟は尊厳死を扱った話です。作中では、自分の意図を相手に伝えることのむずかしさ、互いの理解といったことを考える授業でした。

続く2時間目の社会科では、「戦争と平和」の学習をしていました。「戦争と平和」、それは価値と価値のぶつかり合いであることを学習するわけです。

授業後、生徒が次のように語っていました。

「国語科と社会科の学習とが関連しているとは考えていませんでした。国語科と社会科は別々だと思っていたんです。でも、立場による価値観や認識の相違が背景にあり、それを伝え合い、理解し合うという点が結び付いていることに気付いて驚きました。おもしろいです。なにか、見えないものが見えてきたように感じます。」

このような学びの姿を、デザインする側は意図し、子どもは自覚することが生まれてくれれば、より主体的・対話的で「深い学び」に結び付くのではないか、ということです。

## 何を視点に単元を配列するのか

では、実際に「単元配列表」を描く際の具体的なポイントを押さえていきましょう。

「単元配列表」は、年間指導計画上に存在する各教科等の各単元を、学び手である子どもを中心に据えて、効果的で有効な学びになるように配列し直す仕事だと言えます。

そのため、何をどのような視点で配列するのかがポイントとなるでしょう。

最大のポイントは、これまでお伝えしてきたように**「育成を目指す資質・能力の三つの柱」をもとにして配列を考える**ということです。

各教科等で育成される資質・能力がどのようにつながり、関係していくのかを想定して配列を行うことになります。

その際、「育成を目指す資質・能力の三つの柱」のそれぞれによって、いくつかの心がけるべき点がありそうです。

**「知識及び技能」**については、実際に行う学習活動やそこで扱う学習対象に関係しています。各教科等で行われる学習活動や学習対象には、どのような共通点があるのかを知識のレベルで明らかにし、その関係について細かく検討することが考えられます。

例えば、社会科で扱う持続可能な社会の構築に関わる社会的事象に関する概念的な知識は、理科においても同じように自然事象で扱われるのではないでしょうか。

「知識及び技能」は、「活用・発揮」することで他の「知識及び技能」などとつながり、ネットワーク化され生きて働くものとなります。

単一の教科だけでなく、複数の教科で「活用・発揮」されることによって、「知識及び技能」が結び付いて概念化されたり、連動して一体化されたり、身体や体験などとつながったりして好ましい状態となることが考えられます。

**「思考力、判断力、表現力等」**については、学習対象や学習活動によって現れ方が変わることが考えられます。

例えば、「比較して考える」とする「考えるための技法」についても、扱う対象の種類や数、学習活動の複雑さで発揮のされ方は異なります。

ですから、どのような場面や状況で「活用・発揮」されるかを考える必要があります。

それぞれの学習活動において発揮される「思考力、判断力、表現力等」の中核となる部分を明らかにした上で、その共通点を探り出すこと。そのことが、実際の活用場面などとつながり、**いつでもどこでも駆動する、汎用性の高い資質・能力の状態になる**ことが期待できます。

例えば、「考えるための技法」などを、総合的な学習の時間を中心にデザインすることで、駆動するものとして育成していくことが考えられるのではないでしょうか。そして、その状態こそが「思考力が確かに育った」と言えるのではないでしょうか。

**「学びに向かう力、人間性等」**については、大局的で、全体的な視点で関連付けることを意識しなければなりません。

というのも、態度化されるには、一定程度の時間が必要だからです。しかも、「学びに向かう力、人間性等」は、学習指導要領の内容には明示されていない教科もあります。

ですから、これについては、各教科等を点と点で結び付けるよりも、緩やかにつなぎ教育課程全体で具現していくものと考えてはどうでしょうか。

学びの意義を実感し、心地よい手応え感覚とつながる学習活動を積み重ねることで、人生や社会に生かせる安定的で持続的な資質・能力となることを期待したいものです。

このように、各教科等で育成される資質・能力がどのようにつながり、関係しているのかを想定し、実施時期を考え単元を配列することが求められているのです。

## どのような順序で単元を配列するのか

「育成を目指す資質・能力の三つの柱」を起点として、実際の子どもの姿や実現可能性を視野に入れて単元を配列していくことが大切です。

まず一つ目は、単元配列を考える際には、どちらの単元を先に行うかといった順序性の問題が生まれてくるでしょう。

おそらく、先に行われた単元で身に付いた資質・能力が、あとから実施される単元において「活用・発揮」されると考え、デザインしていくことがポイントとなると思います。

もう一つは、関連性の問題です。資質・能力のつながりを意識して、「どのように」配列するかを考えることが大切です。

関連のさせ方については、これまで記してきたところですが、その他にも、「単元配列表」を作成する際に心がけることを押さえておきましょう。

一つ目は、**見通しをもった計画**にすることです。

実施時期の適切さ、時数の配当の過不足などについて十分な目配りが必要です。


二つ目は、**弾力的な運用ができる柔軟な計画**にすることです。

実際の学習活動では、ハプニングが起きたり、子どもの関心が生じなかったり、予想を超えた事態が起きたりすることがあります。いつでも学び手である子どもを中心に考えながら、柔軟な対応ができるようにしておくことも大切です。


三つ目は、**教育資源の有効な利活用を計画**することです。

多くの人的資源、様々な社会施設や団体などを有効活用し、学びの質を高めることが考えられます。地域の方々の協力を得て、多くの先進的な取り組みをしている学校もありますので、参考にするとよいでしょう。あるいは、異校種などとの交流も考えると、さらに幅が広がるのではないでしょうか。

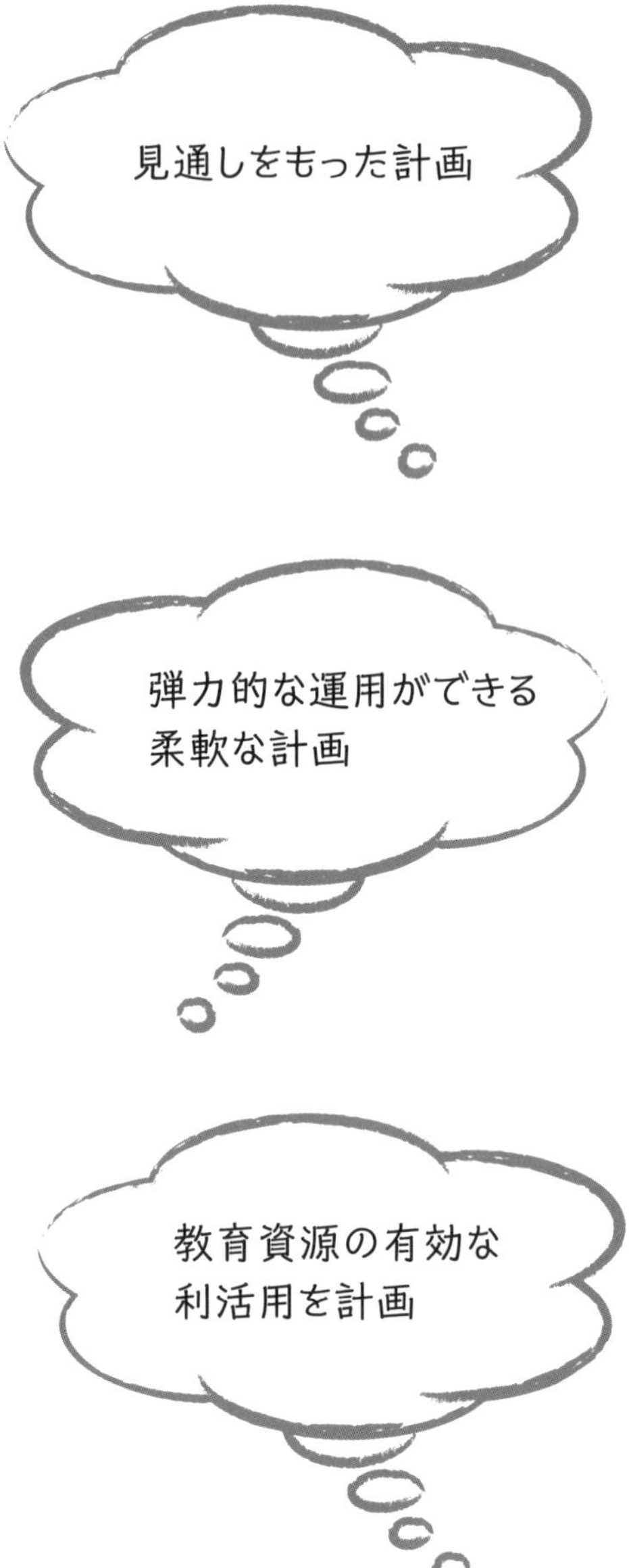
見通しをもった計画
弾力的な運用ができる柔軟な計画
教育資源の有効な利活用を計画

ここがポイント

◎ 教科等間の関連が大きく俯瞰して見えるようになると、学び手も、授業をする側も見通しが立つ。

◎「単元配列表」を使い意図的に配列することができれば、「活用・発揮」の出現率が上がり、子どもたちが資質・能力を「活用・発揮」する可能性が高くなる。

◎「単元配列表」において資質・能力の「活用・発揮」を実現するには「何を」「どのように」配列するかを考えることが大切。

# 単元を構成し、
# 単元計画を作成する

## 単元を構成し、単元計画を作成する手順

ここからは、単元計画の作成についてお話しします。

単元を構成し、単元計画としてデザインする手順を左ページに示しました。「発想」「構想」「計画」の三つの段階で行うとよいと思います。

### 1　発想の段階

単元を構成するには、まず、およその単元の概要を思い描くことが必要となります。

このときに考えなければならない要素として次の三つが考えられます。

一つ目は、子どもの興味・関心

二つ目は、教師の願い

三つ目は、学習活動や学習材（教材）です。

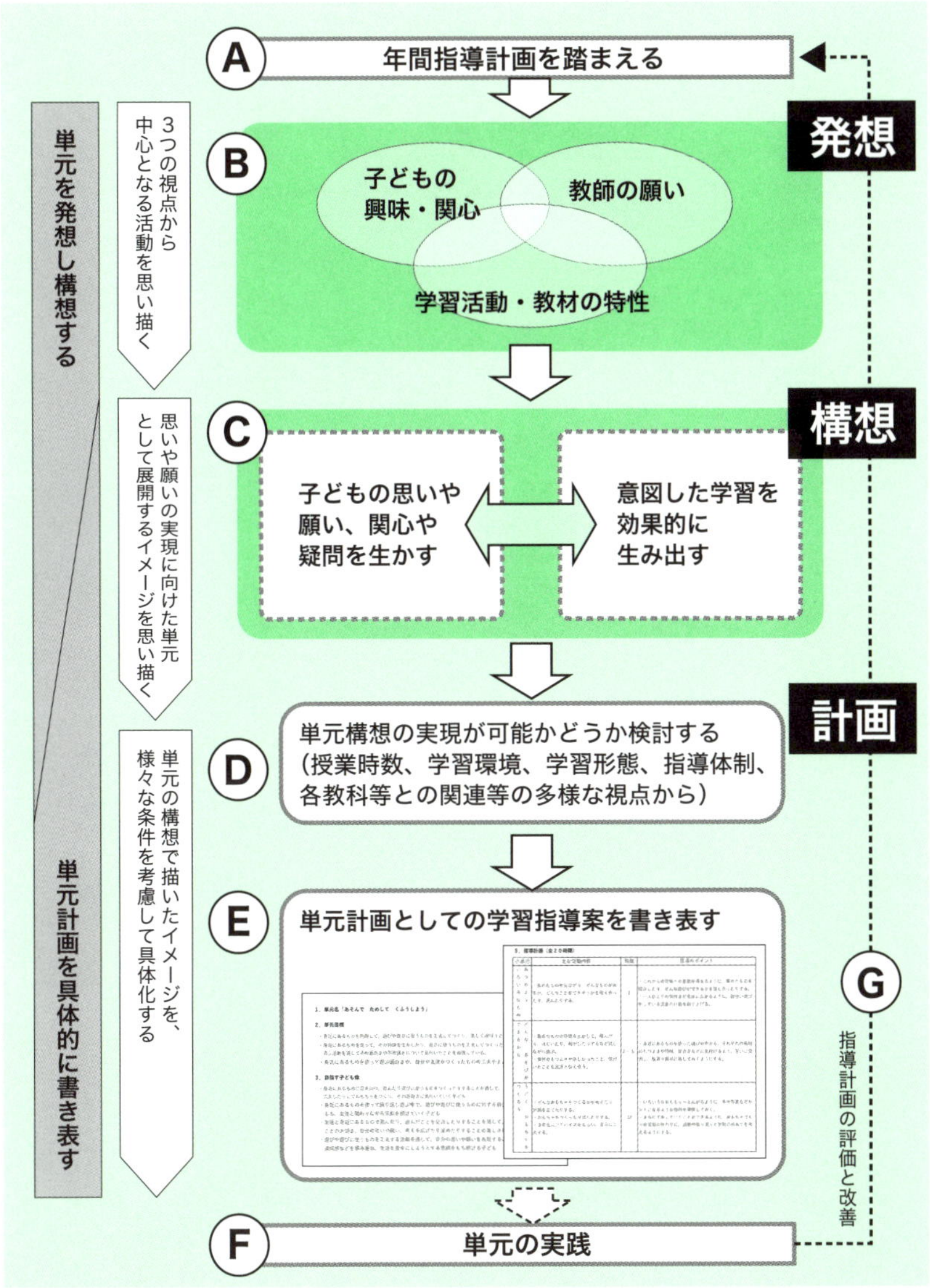


『カリキュラム・マネジメント入門』東洋館出版社（田村学 編著）より

まずは、目の前の子どもたちがどのような実態にあるのか、どのようなことに興味や関心があり、どのような学習を志向しているかなどを見極めておくことです。

次に教師の願いです。どのような資質・能力を育成したいと考えているのかを明らかにする必要があります。

子どもたちの現状、興味・関心と教師の願いを照らし合わせたところに、単元の中心的な学習活動や学習材（教材）がはっきりしてくることとなるはずです。

## 2 構想の段階

ここでポイントとなるのが、子どもの思いや願い、関心や疑問を生かす子ども中心の単元とするか、意図した学習を効果的に生み出す教師中心の単元とするかです。ここで子どもの興味・関心が優先される学習が、いわゆる「経験に基づく単元」と呼ばれ、教師の願いが優先される学習が、いわゆる「教材に基づく単元」と考えることができます。

しかし、経験に基づくのか、教材に基づくのかは二者択一の問題ではありません。いかに両者のバランスや調和を図るかが大切になってきます。

この両者のバランスは、子どもの発達、各教科等の特性や単元の特性によって比重や割合が変わってくるものと考えるべきだと思います。

例えば、生活科の栽培単元なら子どもの興味や関心を生かして栽培する作物を選ぶことが考えられるでしょう。

とはいえ、子どもの育てたい作物を好き勝手に選ばせて、期待する学習が展開されるとも限りません。

1年生になって、はじめて一人で栽培活動を行うとすれば、発芽から開花、種取りまでが安定的に行われ、成長の様子も楽しめるアサガオを選択することがアイディアとして生まれてくるわけです。


このとき、指導者としての教師は、子どもがアサガオに強く興味・関心を抱くような工夫をするはずです。

多くの学校で実践されている例としては、上級生の2年生からアサガオの種をプレゼントしてもらうことだったり、アサガオの絵本を一緒に読むことだったりするのです。

そういう活動を行うことで、そもそも子どもの内にあった栽培への期待が、アサガオの栽培への期待へと大きく膨らんでいくことが想像できるわけです。

こうして、単元で行う中心的な学習活動や中心的に使う学習材（教材）、それをどのように扱うかなどが次々と明らかになっていくはずです。

それでは、2年生の算数科のかけ算の単元ではどうでしょうか。

教師は、子どもが興味・関心を高めるように具体物を用意したり、身の回りのものを使って学習活動を行ったりするなど、暮らしとの関係を強調して学習活動を行うようにす

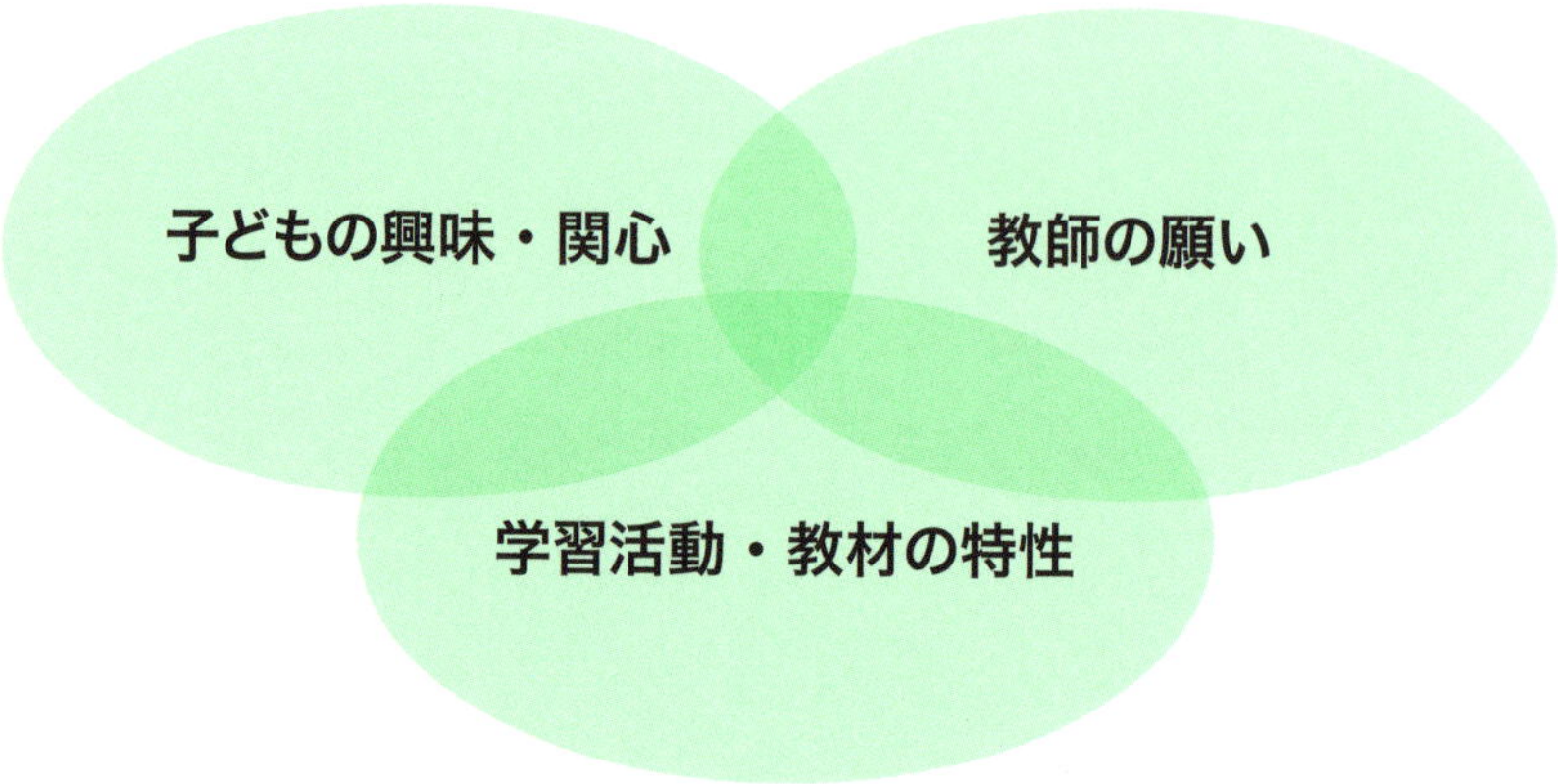

ることが考えられます。

しかし、子どもが出合うかけ算九九は、やはり五の段から始まり、次いで二の段へと進めていくことになることが多いでしょう。

それは、学習内容としてのかけ算の特性がそこにあるからであり、その点においては教師の願いとしての学習内容が優先するのです。

このように、教科の特性や単元の特性に応じて、子どもの興味・関心に比重が置かれる場合もあれば、教師の願いに重きが置かれることもあるのです。

生活科の栽培単元も、算数科のかけ算の単元も、**子どもの興味・関心と教師の願いを視野に入れ、その両者の間に身に付けてほしい資質・能力が確かに育成しやすい学習活動や学習材（教材）**が生成することとなります。

単元で実施する具体的な学習活動が明らかになり、その学習活動が連続して思いや願いを実現する一連のまとまりとなっていきます。こうして単元の具体的なイメージが構想されていくことになります。

## 3　計画の段階

2の「構想の段階」で生まれてきた多くの学習活動を、一連の問題解決の流れとし、子どもの意識の流れに沿った、スムーズな展開として整えることになります。

この段階では、具体的な単元計画として実現可能かどうかを幅広く検討していくことが求められます。

例えば、授業時数、学習環境、学習形態、指導体制、各教科等との関連などを視野に入れて指導計画を立案していきます。

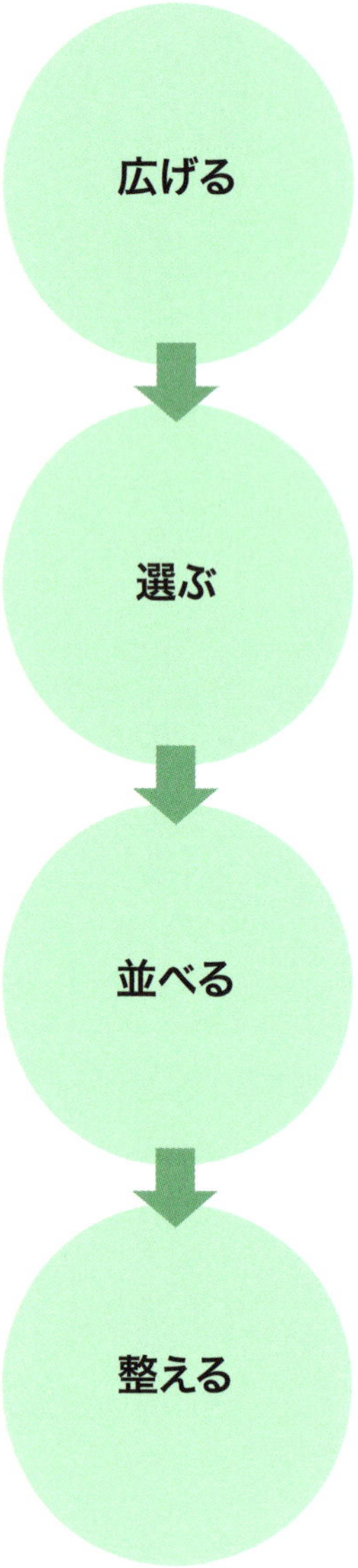

このように単元を描くときは、簡単に言うと大きく発想、構想、計画、で考える。別の言い方をすれば、広げて、選んで、並べて、整える、ということになります。子どもの興味や関心と教師の願いをもとに、どんな教材を扱えばよいか、そこから、ぐっと広げる。思い描いたら、そこから活動を選んで、並べて、整えながら計画に仕立てるというイメージです。

この際に、最も意識しなければならないのが、学習活動が一連の問題解決のまとまり（プロセス）として単元化されているかどうかにあります。

単元のプロセスイメージについて、生活科と総合的な学習の時間を例にして考えてみましょう。

生活科では、体験活動が質的に高まっていくことを期待します。

しかし、ただ単に活動や体験を繰り返していれば高まっていくわけではありません。そこで、話し合いや交流、伝え合いや発表などの表現活動が、単元に適切に位置付けられることが大切になってくるわけです。

この体験活動と表現活動のインタラクション（相互作用）が学習活動を質的に高

めていきます。

例えば、1回目の町探検に行き、そのことを教室で発表し合いながら情報交換します。

すると、子どもは「自分の知らないことがいっぱいあるんだなあ。また、町探検に行きたいな」という思いをもって、2回目の町探検が始まります。

2回目の町探検のあと、教室で地図を使って町のすてき発見を紹介し合っていると「自分たちの町って、すてきな人がいっぱいいるんだな。もっと、お話が聞きたいな」となり、今度はインタビュー探検が始まります。

このように、生活科では、体験活動と表現活動とを相互に繰り返しながら思いや願いを実現していくプロセスこそが、学習活動の質的な高まりを実現していくのです。

総合的な学習の時間については、「①課題の設定」→「②情報の収集」→「③整理・

分析」→「④まとめ・表現」といった探究プロセスが繰り返し発展的に行われることをイメージしてほしいと考えています。

生活科にせよ、総合的な学習の時間にせよ、どちらも子どもの思いや願いの実現に向けたプロセスになること、課題の解決に向けた探究のプロセスとなることが単元計画のポイントとなるのです。

## 「カリキュラム・デザイン」と「深い学び」

内容を組織的に配列する「カリキュラム・デザイン」は、各教科等を関連付け、「育成を目指す資質・能力」の三つの柱が、どのようにつながっているかを考えることです。そうすることで、学びがより豊かなものになるはずです。

全体計画（「グランド・デザイン」）→「単元配列表」→単元計画とつなげることで、資質・能力が、授業の単位時間にまで落とし込みやすくなります。「カリキュラム・デザイン」が資質・能力の育成に大きく関わってくるということです。

例えば、社会科の知識（水道水はどうつくられるのか、森やダムはどんな働きをするのか）と、理科の知識（川のでき方や水の働き、気体・液体と姿を変える水）をつなげてみるといったイメージをもつこともできそうです。

社会科で習った知識と理科で習った知識がつながれば、自然界で水は川→海→水蒸気→雨→また川と循環し、侵食作用や運搬作用によって私たちの暮らす土地をつくり、農業や工業そして生活に欠かせない水資源となっているといったことがつながり、納得することになるでしょう。

社会事象や自然事象に関する知識がつながり、結び付いて、「水」について、より「深く」理解できるようになるものと期待できます。

ここがポイント

◎単元を構成し、単元計画としてデザインするには、「発想」「構想」「計画」の三つの段階を踏む。

◎活動を広げて、選んで、並べて、整えることで一連の問題解決のまとまりをつくるイメージをもとう。

# 生活科と総合的な学習の時間を中核に

## 「単元配列表」の中核

「単元配列表」をデザインする際には、**低学年では生活科、3年生以上だと総合的な学習の時間を中核にするのがいちばんシンプルでわかりやすい**でしょう。

このことは今回の改訂で、生活科と総合的な学習の時間は、各学校がカリキュラムをデザインする上での、中核となる存在として、学習指導要領に明確に位置付けられたことからも言えます。

特に総合的な学習の時間は、いろいろな各教科等と関連付けることができます。また、各教科等の力を発揮する場でもあるので、総合的な学習の時間を「単元配列表」の中核に据えて全体をデザインすることの大切さはイメージできるでしょう。

もちろん学校によっては道徳を中核に置く場合もあるでしょう。言語能力に着目して国語科を中核にするアイディアもあるでしょう。

それは学校によって異なっていいと思います。

しかし、多くの場合は、総合的な学習の時間を中核として位置付け、そことのつながりを考えたほうがよさそうです。

生活科や総合的な学習の時間を中核とした「単元配列表」を作成し、各教科等との関連を意識した計画を作成することについて考えていきたいと思います。

生活科や総合的な学習の時間と各教科等とを関連付けることで、各教科等で別々に身に付けた「知識及び技能」をつながりのあるものとして組織化し直し、改めて現実の生活に関わる学習活動において「活用・発揮」することが期待できます。

また、そのことが、確かな知識や技能の習得にもつながるのです。

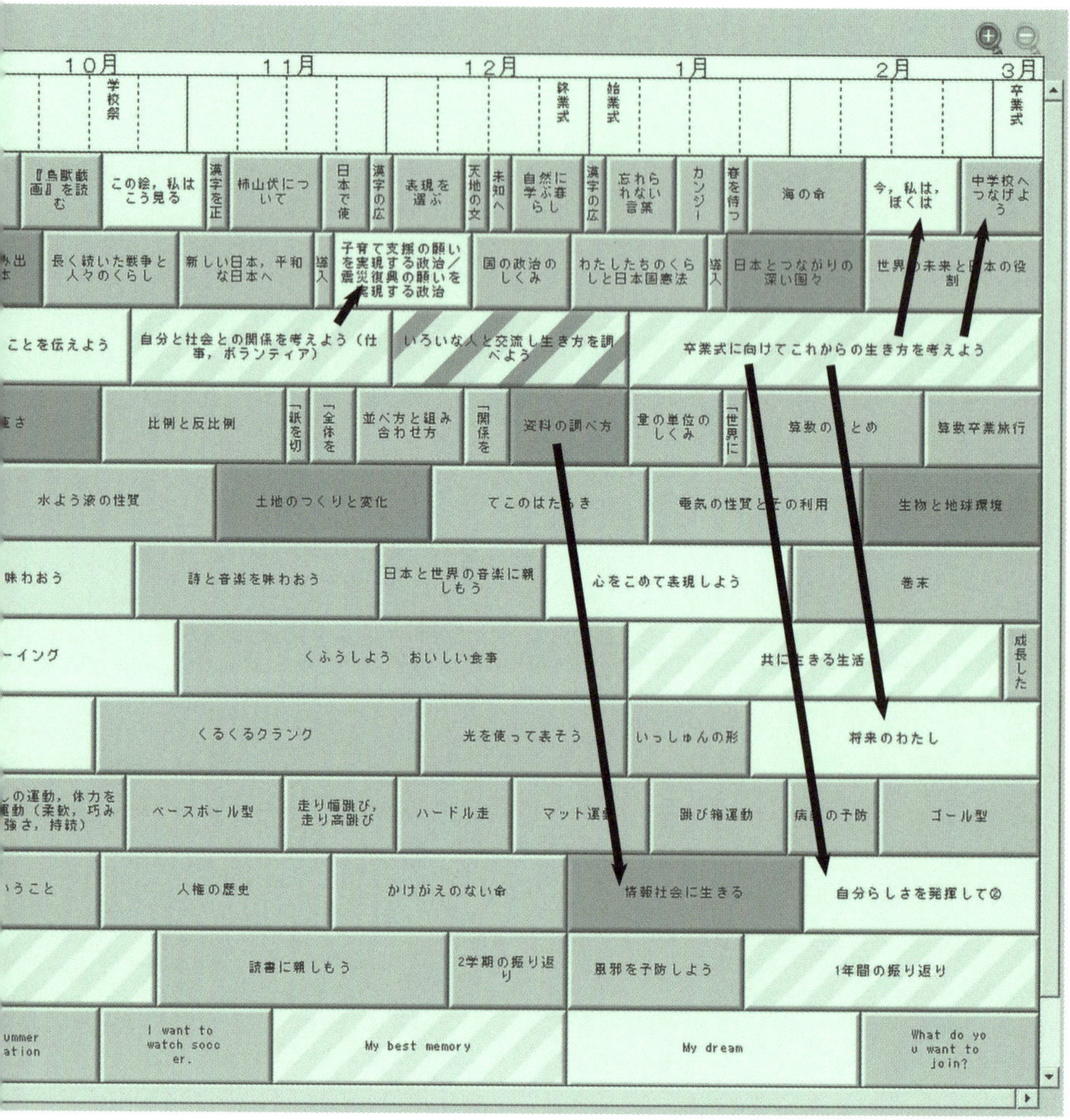
10月
11月
12月
1月
2月
3月
学校祭
終業式
始業式
卒業式
『鳥獣戯画』を読む
この絵，私はこう見る
漢字を正
柿山伏について
日本で使
漢字の広
表現を選ぶ
天地の文
未知へ
自然に学ぶ暮らし
漢字の広
忘れられない言葉
カンジー
春を待つ
海の命
今，私は，ぼくは
中学校へつなげよう
長く続いた戦争と人々のくらし
新しい日本，平和な日本へ
導入
子育て支援の願いを実現する政治／震災復興の願いを実現する政治
国の政治のしくみ
わたしたちのくらしと日本国憲法
導入
日本とつながりの深い国々
世界の未来と日本の役割
ことを伝えよう
自分と社会との関係を考えよう（仕事，ボランティア）
いろいろな人と交流し生き方を調べよう
卒業式に向けてこれからの生き方を考えよう
比例と反比例
「紙を切
「全体を
並べ方と組み合わせ方
「関係を
資料の調べ方
量の単位のしくみ
「世界に
算数のまとめ
算数卒業旅行
水よう液の性質
土地のつくりと変化
てこのはたらき
電気の性質とその利用
生物と地球環境
味わおう
詩と音楽を味わおう
日本と世界の音楽に親しもう
心をこめて表現しよう
巻末
ーイング
くふうしよう　おいしい食事
共に生きる生活
成長した
くるくるクランク
光を使って表そう
いっしゅんの形
将来のわたし
体の運動，体力を高める運動（柔軟，巧み，強さ，持続）
ベースボール型
走り幅跳び，走り高跳び
ハードル走
マット運動
跳び箱運動
病気の予防
ゴール型
うこと
人権の歴史
かけがえのない命
情報社会に生きる
自分らしさを発揮して②
読書に親しもう
2学期の振り返り
風邪を予防しよう
1年間の振り返り
ummer
ation
I want to watch soccer.
My best memory
My dream
What do you want to join?

## 総合的な学習の時間を中核に

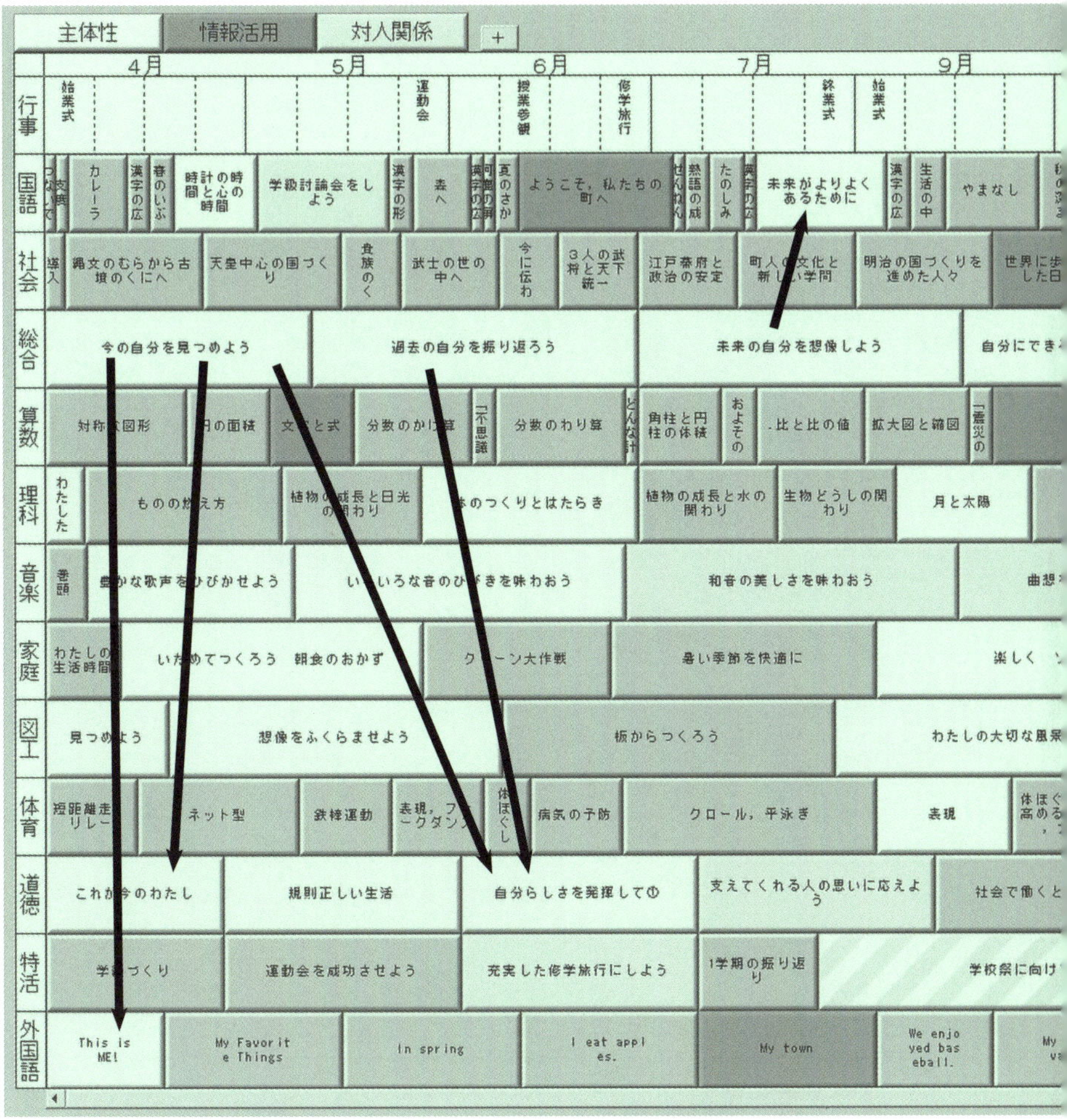


＜単元配列表（6 年）の例＞文溪堂「てんまる 2018」年間指導計画作成機能にて作成

一方、生活科や総合的な学習の時間での学習活動やその成果が、各教科等の学習の動機付けや実感的な理解につながるといった良さも考えられそうです。

このように生活科や総合的な学習の時間と各教科等とは、互いに補い合い、支え合う関係にあり、教育課程全体の中で相乗効果を発揮していきます。

そのため、各教科等で身に付ける資質・能力を十分に把握し、生活科や総合的な学習の時間との関連を図った年間指導計画、「単元配列表」を作成することが大切なポイントとなります。

各教科等で身に付けた資質・能力を適切に「活用・発揮」して、総合的な学習の時間における探究活動を充実させていくという関連の仕方については、次のように考えられます。

子どもが自ら課題を設定し、その課題の解決に向けて情報を収集し、集めた情報を整理したり分析したりして自分の考えとしてまとめ、表現していく中において、各教科等で身に付けた資質・能力を主体的に繰り返し活用していくイメージです。

具体的には社会科の資料活用の方法を生かして情報を収集したり、算数科の統計の手法でデータを整理したり、国語科で学習した表現方法を使ってわかりやすいレポートを作成したりすることなどが考えられます。

また、理科で学んだ生物と環境の学習を生かして、地域に生息する生き物の生育環境を考えることなども考えられます。

このように、各教科等で学んだことを総合的な学習の時間に生かすことで、子どもの学習は一層深まりと広がりを見せることが期待できます。

総合的な学習の時間は、学校の教育目標との直接的な関係をもつ唯一の時間として位置付けられ、学校独自のカリキュラムをデザインする際の「教育課程の起点」となることが明らかになりました。生活科は「教育課程の結節点」に位置しています。生活科や総合的な学習の時間を中核にカリキュラムをデザインすることを心がけたいものです。

これらのことは、総則に記されていることからも、各学校が意識し取り組まなければならないことになるものと考えられます。

表現を変えれば、「各学校で教育課程を編成する際、生活科や総合的な学習の時間との関連を図りましょう。学校の教育目標とダイレクトに結び付く総合的な学習の時間を教育課程の中核に位置付けましょう」と捉えることもできるわけです。

個別の各教科等は、学習指導要領において、それぞれ目標・内容が示されています。総合的な学習の時間に関しては、各学校で独自に定めることになっています。学校の教育目標を分析した「育成を目指す子どもの姿」を総合的な学習の時間を中心に育成することは、およそ必然と考えられるのではないでしょうか。

ですから、総合的な学習の時間が「カリキュラム・デザイン」の中核となってくるのは自然なことなのです。

ここがポイント

教育目標を分析した資質・能力を総合的な学習の時間に位置付けることなどから、

**生活科と総合的な学習の時間は、カリキュラムをデザインする上での中核として、位置付ける。**

# スタートカリキュラムに注目！

## 注目をあびるスタートカリキュラム

今回の学習指導要領の改訂においては、学校段階等間の接続の観点から、第1章総則で「幼児期の終わりまでに育ってほしい姿を踏まえた指導を工夫することにより、幼稚園教育要領等に基づく幼児期の教育を通して育まれた資質・能力を踏まえて教育活動を実施し、児童が主体的に自己を発揮しながら学びに向かうことが可能となるようにすること」と示され、幼児期の教育と小学校教育との円滑な接続についての重要性が一層高まっています。

しかし、遊びや生活を通して総合的に学んでいく幼児期の教育課程と、各教科等の学習内容を系統的に学ぶ児童期の教育課程は、内容や進め方が大きく異なることもあり、小学校教育への接続は、そうたやすいことではありません。

そこで、幼児期の教育と小学校教育との円滑な接続を目的に、スタートカリキュラムが広まりをみせています。

**カリキュラム・マネジメントのモデル**
**→スタートカリキュラム**

**■第１ステージ**
平成 20 年改訂（学習指導要領解説）
「学校生活への適応」→ 様々な取り組みで試行錯誤

**■第２ステージ**
平成 27 年頃（国立教育政策研究所資料）
「安心・安全」→ 幼児期の活動を取り入れる

**■第３ステージ**
平成 29 年改訂（学習指導要領、解説、国立教育政策研究所資料）
「学びに向かう」→ 合科的・関連的な指導、弾力的な時間割の設定

## スタートカリキュラムの変遷

今回の学習指導要領に出ているスタートカリキュラムは、これまでの段階から言うと第3ステージになると思います。

第1ステージは、前回（平成20年）の学習指導要領改訂のとき。学習指導要領生活科の解説に「スタートカリキュラム」という言葉を2回使っています。それがはじめて出ましたから、第1ステージということになります。

第1ステージのときは、どちらかというと「小1プロブレム」に対応するという意図が強かったように思います。

ちょうどその頃、小学1年の学級が落ち着かないということが問題になっており、「小1プロブレムに対応するには何ができるか」ということでスタートカリキュラムが示されたところがありました。

このスタートカリキュラムに対する当時の取り組みは、実に多様で様々でした。学習指導要領上には、まだ一切示されていなかったので、いろいろなチャレンジがされていました。

例えば、学級集団の編成をする際、4月に入学した直後には学級編成を正式決定せずに、4月段階は誕生月ごとに組んで、仮のクラスをつくるといったことも行われました。

例えば3クラスあるとすれば、4月生まれから7月生まれで1クラス、8月生まれから11月生まれで1クラス、12月生まれから3月生まれで1クラスというように、仮クラスをつくって子どもの様子を教師が丁寧に見取り、ゴールデンウィーク明け(5月はじめ頃)に、子どもたちの人間関係や様々な特徴を勘案して、正式にクラス分けを決定するといった試みも行われました。

はじめて幼児教育と小学校をつなごうということで、様々なチャレンジがあったのが、この第1ステージです。

ただ、そもそも振り返れば、生活科が誕生したときの趣旨がここにあります。生活科が生まれたのは、幼児期の学びを小学校の学習活動に位置付けようという趣旨があったと考えることができます。ある意味、教科生活科誕生の趣旨に立ち返ったということでもあったと思います。

平成27年1月に国立教育政策研究所から「スタートカリキュラムスタートブック」が出た頃が、スタートカリキュラムの第2ステージと考えていいと思います。

幼児期の子どもたちの園での生活を小学校の生活の中にうまく位置付けていこうというのが第2ステージの考えです。

学校生活の一日の流れを、幼児期での暮らしや生活を参考にすることで、子どもが安心して学校生活に適応できると考えた時期です。

園のときには、朝登園すると、まず自由遊びをして、子どもたちは遊びをしながら人間関係をつくり、その遊びを中心に学んでいくという生活があったわけです。それが、小学校に入った途端、45分間ごとの時間割ができて、椅子に座って机に向かうというように、急に時間や場所に拘束されるようになると、戸惑う子どもがいてもおかしくありません。

そこで、園での生活を小学校生活の参考にしよう、という試みがなされました。例えば、登校したら、自由遊びの時間を取ります。その時間に子どもたちは自分で選択したり、仲間をつくったりということを繰り返し行っていきます。

そのあとの朝の会でも幼児期の活動を取り入れることが行われました。

身体を使うようなもの、例えばリズム感のあるダンスを行ったり、教師と一緒に仲間になるゲームを楽しんだりといったことです。

そういった園での生活の延長のような活

スタートカリキュラムの第2ステージを象徴する『スタートカリキュラムスタートブック』

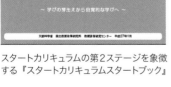

動を行い、比較的子どもたちが自由に遊び、交流する時間を経て、徐々に教科の時間へと移っていくことで、学校生活をスムーズにスタートさせようという取り組みが多くみられました。

自由時間、仲間をつくる時間、教科に向かう時間のように、学校生活を段階的に形成することで、幼児期で行われた園生活と同じように、小学校でも「安心・安全」、そして自分の思いを存分に自信をもって「自己発揮」できるような学校生活を実現できないか、と試みたのが第2ステージです。

## 第3ステージを迎えたスタートカリキュラム

今回の第3ステージが、これまでのステージと明らかに違うことは、学習指導要領上にスタートカリキュラムの考え方が明確に規定されたということです。

先ほども示したように、小学校の学習指導要領の総則の第2の4の(1)に次のように書かれています。

## 幼稚園教育要領・小学校学習指導要領

**■幼稚園教育要領　第１章総則第３の５**
**第１章総則第６の３**
**小学校教育との接続**

**■小学校学習指導要領　第１章総則第２の４の（1）**
**第２章第５節生活第３の１の(4)**
**スタートカリキュラム**

４　学校段階等間の接続
教育課程の編成に当たっては、次の事項に配慮しながら、学校段階等間の接続を図るものとする。
(1)　幼児期の終わりまでに育ってほしい姿を踏まえた指導を工夫することにより、幼稚園教育要領等に基づく幼児期の教育を通して育まれた資質・能力を踏まえて教育活動を実施し、児童が主体的に自己を発揮しながら学びに向かうことが可能となるようにすること。
また、低学年における教育全体において、例えば生活科において育成する自立し生活を豊かにしていくための資質・能力が、他教科等の学習においても生かされるようにするなど、教科等間の関連を積極的に図り、幼児期の教育及び中学年以降の教育との円滑な接続が図られるよう工夫すること。特に、小学校入学当初においては、幼児期において自発的な活動としての遊びを通して育まれてきたことが、各教科等における学習に円滑に接続されるよう、生活科を中心に、合科的・関連的な指導や弾力的な時間割の設定など、指導の工夫や指導計画の作成を行うこと。

生活科では、第3の1の(4)に次のように書かれています。

(4) 他教科等との関連を積極的に図り、指導の効果を高め、低学年における教育全体の充実を図り、中学年以降の教育へ円滑に接続できるようにするとともに、幼稚園教育要領等に示す幼児期の終わりまでに育ってほしい姿との関連を考慮すること。特に、小学校入学当初においては、幼児期における遊びを通した総合的な学びから他教科等における学習に円滑に移行し、主体的に自己を発揮しながら、より自覚的な学びに向かうことが可能となるようにすること。その際、生活科を中心とした合科的・関連的な指導や、弾力的な時間割の設定を行うなどの工夫をすること。

スタートカリキュラムという言葉ではありませんが、「特に、小学校入学当初において、生活科を中心に、合科的・関連的な指導や弾力的な時間割の設定など、指導の工夫や指導計画の作成を行うこと」とし、スタートカリキュラムの編成や実施について書かれています。

学習指導要領に明確に示されたことが、これまでの第1ステージ、第2ステージと大きく異なる点であり、この第3ステージを象徴するようにつくられたのが「発達や学びをつなぐスタートカリキュラム　スタートカリキュラム導入・実践の手引き」です。

第1ステージで、まずはとにかく始まって、第2ステージは、園での生活の流れを学校生活にも取り入れて、「安心・安全・自己発揮」でした。第3ステージでは、「学びを明確に意識して、学びに向かう子どもたちを育てよう」ということが、明らかに違うところでしょう。

スタートカリキュラムの第３ステージを象徴する『発達や学びをつなぐスタートカリキュラム』

その意味からも、第3ステージは「学びに向かう」がキーワードになると考えています。

## 「幼児期の終わりまでに育ってほしい10の姿」

入学当初の児童が、主体的に自己を発揮しながら学びに向かうことができるようにするためには、幼児期の教育を通して育まれた資質・能力をさらに伸ばしていくことが欠かせません。

幼児期の教育は、5領域（健康、人間関係、環境、言葉、表現）の内容を、遊びや生活を通して総合的に学んでいく教育課程の考え方に基づいて実施されています。一方、児童期の教育は、各教科等の学習内容を系統的に配列した教育課程の考え方に基づいて実施されています。

このことが幼児期と児童期の教育の大きな違いです。

同じ地域の幼稚園の教職員と小学校の教職員とが連携し、子どもの成長を共有することで、幼児期から児童期への発達の流れを相互に理解することが求められています。

「幼稚園教育要領（平成29年告示）総則」の「第1章　第3　教育課程の役割と編成等」の「5　小学校教育との接続に当たっての留意事項」(1)(2)に、次のように示されています。

(1)　幼稚園においては、幼稚園教育が、小学校以降の生活や学習の基盤の育成につながることに配慮し、幼児期にふさわしい生活を通して、創造的な思考や主体的な生活態度などの基礎を培うようにするものとする。

(2)　幼稚園教育において育まれた資質・能力を踏まえ、小学校教育が円滑に行われるよう、小学校の教師との意見交換や合同の研究の機会などを設け、「幼児期の終わりまでに育ってほしい姿」を共有するなど連携を図り、幼稚園教育と小学校教育との円滑な接続を図るよう努めるものとする。

また「幼稚園教育要領（平成29年告示）総則」の「第1章　第6　幼稚園運営上の留意事項」の3には次のように示されています。

地域や幼稚園の実態等により、幼稚園間に加え、保育所、幼保連携型認定こども園、小学校、中学校、高等学校及び特別支援学校などとの間の連携や交流を図るものとする。特に、幼稚園教育と小学校教育の円滑な接続のため、幼稚園の幼児と小学校の児童との交流の機会を積極的に設けるようにするものとする。また、障害のある幼児児童生徒との交流及び共同学習の機会を設け、共に尊重し合いながら協働して生活していく態度を育むよう努めるものとする。

幼稚園教育の基本は「環境を通して行う教育」だと言えます。

幼稚園では、幼児が自ら興味や関心をもって環境に働きかけ、試行錯誤しながら、環境へのふさわしい関わり方を、身に付けていくことを目的とした教育が行われているのです。

そのため、幼児期にふさわしい生活が展開されるようにすること、遊びを通して総合的な指導が行われるようにすること、さらに、一人ひとりの特性に応じた指導が行われるようにすることが、教師に対して求められています（「幼稚園教育要領解説　第1章総説　第1節　幼稚園教育の基本」）。

こうした幼稚園教育の基本に基づいて、幼児期にふさわしい遊びや生活を積み重ねることで身に付けてほしい、幼児の具体的な姿「幼児期の終わりまでに育ってほしい姿」が示されています。

## ❸ 協同性

友達と関わる中で、互いの思いや考えなどを共有し、共通の目的の実現に向けて、考えたり、工夫したり、協力したりし、充実感をもってやり遂げるようになる。



## ❹ 道徳性、規範意識の芽生え

友達と様々な体験を重ねる中で、してよいことや悪いことがわかり、自分の行動を振り返ったり、友達の気持ちに共感したりし、相手の立場に立って行動するようになる。また、きまりを守る必要性がわかり、自分の気持ちを調整し、友達と折り合いを付けながら、きまりをつくったり守ったりするようになる。



# 10の姿

## ❻ 思考力の芽生え

身近な事象に積極的に関わる中で、物の性質や仕組みなどを感じ取ったり、気付いたりし、考えたり、予想したり、工夫したりするなど、多様な関わりを楽しむようになる。また、友達の様々な考えに触れる中で、自分と異なる考えがあることに気付き、自ら判断したり、考え直したりするなど、新しい考えを生み出す喜びを味わいながら、自分の考えをよりよいものにするようになる。



## ❾ 言葉による伝え合い

友達や先生と心を通わせる中で、絵本や物語などに親しみながら、豊かな言葉や表現を身に付け、経験したことや考えたことなどを言葉で伝えたり、相手の話を注意して聞いたりし、言葉による伝え合いを楽しむようになる。



## ❿ 豊かな感性と表現

心を動かす出来事などに触れ感性を働かせる中で、様々な素材の特徴や表現の仕方などに気付き、感じたことや考えたことを自分で表現したり、友達同士で表現する過程を楽しんだりし、表現する喜びを味わい、意欲をもつようになる。

## ❶ 健康な心と体

幼稚園生活の中で充実感や満足感をもって自分のやりたいことに向かって心と体を十分に働かせながら取り組み、見通しをもって行動し、自ら健康で安全な生活をつくり出すようになる。

## ❷ 自立心

身近な環境に主体的に関わり様々な活動を楽しむ中で、しなければならないことを自覚し自分の力で行うために考えたり、工夫したりしながら、諦めずにやり遂げることで達成感を味わい、自信をもって行動するようになる。

## ❺ 社会生活との関わり

家族を大切にしようとする気持ちをもちつつ、地域の身近な人と触れ合う中で、人との様々な関わり方に気付き、相手の気持ちを考えて関わり、自分が役に立つ喜びを感じ、地域に親しみをもつようになる。また、幼稚園内外の様々な環境に関わる中で、遊びや生活に必要な情報を取り入れ、情報に基づき判断したり、情報を伝え合ったり、活用したりするなど情報を役立てながら活動するようになるとともに、公共の施設を大切に利用するなどして、社会とのつながりを意識するようになる。

# 幼児期の終わりまでに育ってほしい

## ❼ 自然との関わり・生命尊重

自然に触れて感動する体験を通して、自然の変化などを感じ取り、好奇心や探究心をもって考え言葉などで表現しながら、身近な事象への関心が高まるとともに、自然への愛着や畏敬の念をもつようになる。また、身近な動植物に心を動かされる中で、生命の不思議さや尊さに気付き、身近な動植物への接し方を考え、命あるものとしていたわり、大切にする気持ちをもって関わるようになる。

## ❽ 数量や図形、標識や文字などへの関心・感覚

遊びや生活の中で、数量や図形、標識や文字などに親しむ体験を重ねたり、標識や文字の役割に気付いたりし、自らの必要感に基づきこれらを活用し、関心・感覚をもつようになる。

■第 1 ステージ

平成 20 年改訂（学習指導要領解説）

「学校生活への適応」→ 様々な取り組みで試行錯誤

■第 2 ステージ

平成 27 年頃（国立教育政策研究所資料）

「安心・安全」→ 幼児期の活動を取り入れる

■第 3 ステージ

平成 29 年改訂（学習指導要領、解説、国立教育政策研究所資料）

「学びに向かう」→ 合科的・関連的な指導、弾力的な時間割の設定

「学びの連続・発展」幼児期の終わりまでに育ってほしい 10 の姿

→生活科を中核とした合科的・関連的な指導

→学習活動に応じた弾力的な時間割の設定

「幼児期の終わりまでに育ってほしい10の姿」とは、幼児期に育んでほしい資質・能力を子どもの具体的な姿で表したものです。

この「10の姿」は、幼児期の教育においてのみ重視されるものではなく、小学校以降の学びの基盤となるものです。そのため、小学校学習指導要領の総則に示されているように、小学校教育でも「10の姿」を踏まえた指導を行い、幼児期の教育と連携を図ることが求められているのです。

ここで一つ注意してほしいのは、「育ってほしい姿」であって、到達目標ではないということです。小学校に入ってくる全ての

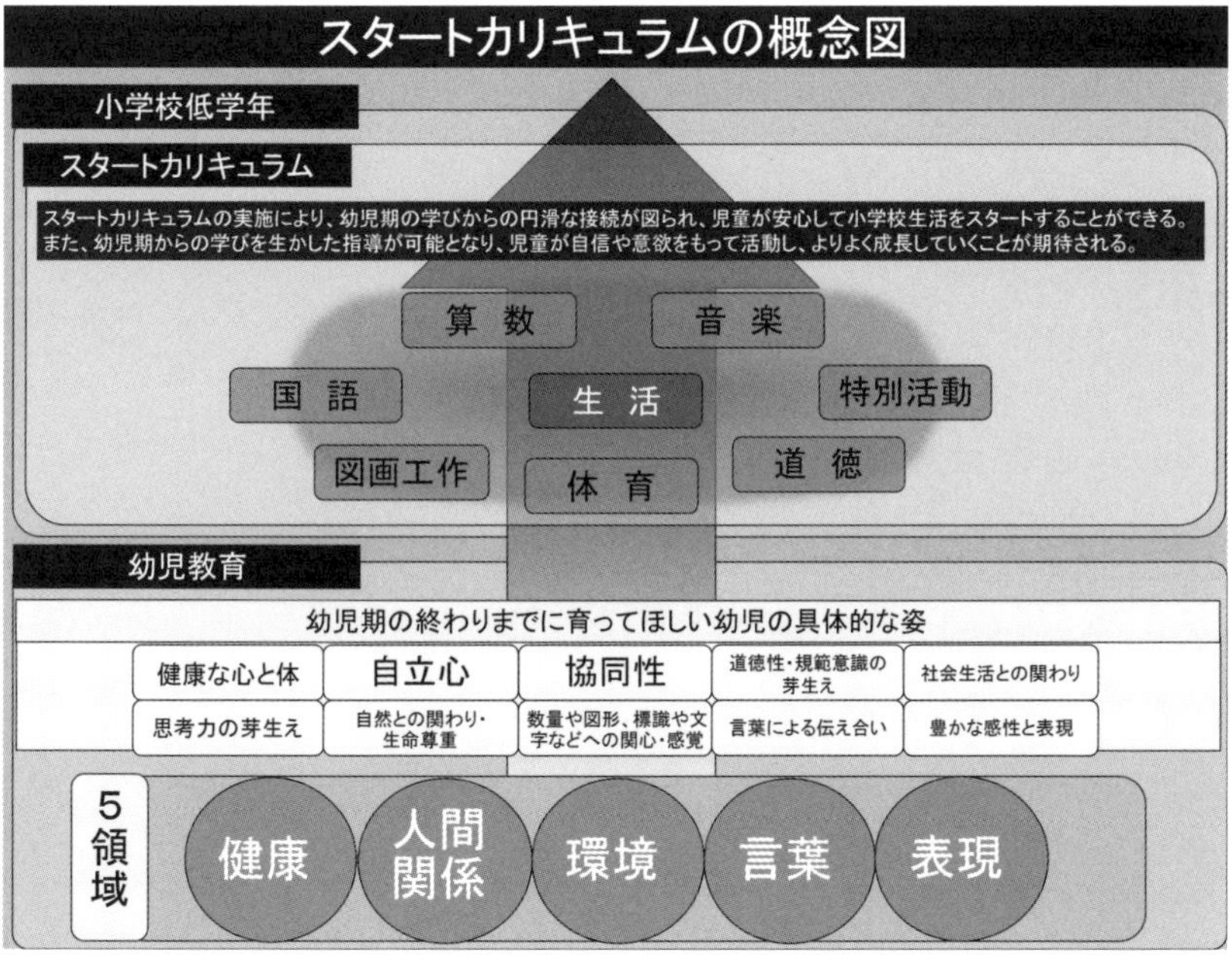

学校施設の在り方に関する調査研究協力者会議・小中学校施設部会合同会議（平成 30 年 6 月 6 日）より

子どもが、この「10の姿」を実現しているわけではありませんから、それぞれに異なる子どもの育ちを「10の姿」で見取り、小学校の学びに生かしていくことが必要です。

幼稚園教育要領から小学校、中学校、高等学校の学習指導要領の流れでいうと、幼児教育の5領域をベースとした「10の姿」を踏まえて、小学校で生活科を中心としたカリキュラムが始まり、そして高学年、中学校とつないでいく大きな縦の流れができてきます。

横串を刺せば、今度は生活科を中心に合科的、関連的指導をしていく、ということになります。

縦横の結節点に、生活科という教科を置きながら、スタートカリキュラムをつくっていくということになると思います。

このスタートカリキュラムが、今回の学習指導要領の改訂でいうと、「カリキュラム・マネジメント」の話と深くシンクロする、ということになります。

「カリキュラム・マネジメント」については、これまでお話ししてきたように三つの側面があります。内容の組織的配列、ＰＤＣＡサイクル、内外の資源の活用ですが、答申上では、「これまでのＰＤＣＡサイクルに加えて」という意味で、内容の配列と、資源の活用にも視野を広げることになっています。

さらに、今回の「カリキュラム・マネジメント」は、管理職に加え、学級担任も関わっていきましょうという話になりますので、内容の組織的配列、カリキュラムをデザインすることにフォーカスするのはある意味必然です。今回の学習指導要領上、それを明確に示してきたものとして、スタートカリキュラムが一つのモデルとなる、ということになると思います。

つまり、幼小を接続する教育課程の編成を意識しましょう、今回は特に合科関連や、時間割の柔軟な設定によってそれを実現するカリキュラムをきちんとデザインしてください、と言っているわけです。

学習指導要領上、カリキュラムをデザインする方向性を具体的に示しているのは、この幼と小を結び、つなぐスタートカリキュラムであり、まさに「カリキュラム・マネジメント」のモデルケースということになると言えるでしょう。

## 合科的・関連的な指導

第3ステージのスタートカリキュラムの中では、合科的・関連的な指導がポイントになります。

合科的な指導というのは、複数の教科の目標や内容を1単元や1時間の中に入れて、より有効かつ効果的に、あるいは効率的に実現する、ということになると思います。一つの単元の中に複数教科が完全に溶け込むようなイメージです。

関連的な指導というのは、単元と単元はそもそも独立して存在していて、教科等別に指導するにあたって、相互の関連を考慮して指導するもの。例えば、国語科の単元、算数科の単元、生活科の単元はそれぞれが独立して存在しているけれども、それぞれが関係し合うイメージです。

生活科で学んだことを文章に書いたり、生活科で体験したことを絵で表したり、というように、活動が一体になって溶け込む合科的な指導。

図画工作科で色の使い方やハサミの使い方を習ったことが、生活科のときの遊び、走るおもちゃに発揮される、といった関連的な指導。

こうした合科的・関連的な指導が単元配列表を考えるときの参考になり、加えて、それが時間割の柔軟な設定にもつながります。

低学年の子どもたちは45分刻みの授業で全ての活動を行うわけにはいきません。

入学当初は15分刻みくらいの国語科や算数科があってもよいでしょう。

一方で、生活科を中心とした遊びや探検といったものは、90分という授業があり得るわけです。

そこには、合科・関連といった教科等間の関係と、一日をどう流していくか、といった生活リズムとの関係もカリキュラムを設計するポイントとして出てきます。

第2ステージは、一日の生活の流れを重視していました。今回の第3ステージでは、より小刻みにしたショートで集中して内容を確実に学んでいくような教科の時間と、体験や活動を十分に行い、思いや願いを実現するロングな時間といったものを教師が意図的に配列し、子どもが学びに向かい一日の生活の充実につながるカリキュラムを考えています。

例えば、1・2時間目は、国語科や算数科の学習を15分とか、30分で行い、3時間目くらいからは生活科を中心に図画工作科や音楽科なども関連付けながら大きな単元で学習活動を行うといった取り組みが広がり始めています。

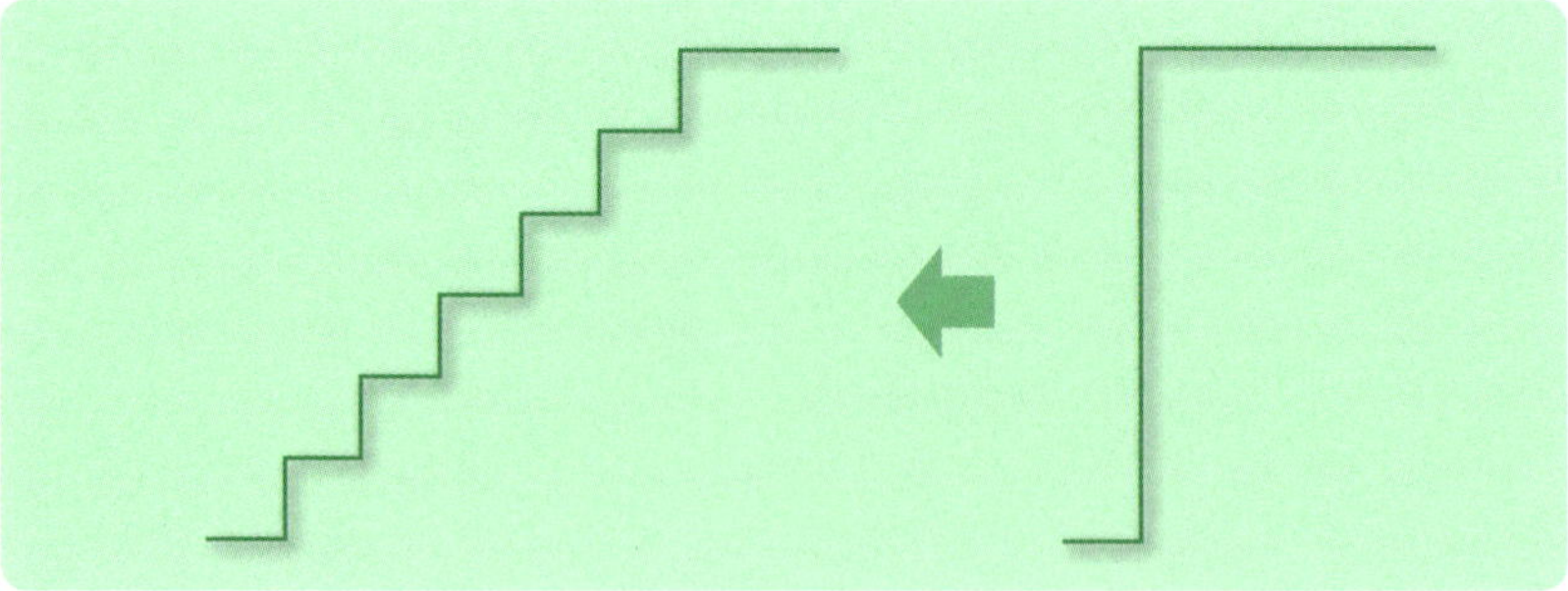

スタートカリキュラムの実施時期は、入学してゴールデンウィーク明けまでの1か月間程度が一つの目安ではないかな、と思います。

だいたい1か月間程度を、幼児期の学びを生かして教科の学びに向かっていく集中的な時期と考える。子どもは、学校というフィールドの中で、時間や教科の区切りのある暮らしを徐々に自覚していくことになるでしょう。

いままでは入学したとたんに「小学生になったんだからしっかりしましょう」と、一気に大きなステップを乗り越えなければなりませんでした。巨大な段差があって、そこには時間的な問題や空間的な問題、関わる人の問題があったわけです。柔軟な時間設定や、学びを支える空間設定をすることによって、大きな段差ではなく、小刻みな段差にしていくことが可能だと思います。

「小学生になったんだからしっかりしましょう」も必要なときはあるけれど、あまりにもそればかりだと、これまで育ってきた力が存分に発揮できないのではないでしょうか。せっかく10の姿を目指して育ててきたわけですから、それを発揮しつつ乗り越えられる適度なハードルを用意することで、滑らかに接続していこうということです。

## 学びを自覚し、学びに向かう力を伸ばす

学校生活に慣れるだけではなくて、10の姿を生かして「学びに向かう力」をつけていくことで、自分で考えて活動したり、判断して行動することができたり、友達との関係が上手くできて集団になじんでいくことができたりして、学校生活に慣れるだけではなくて、結果的に前向きで自発的、積極的な子どもの育ちが見られた学校もあります。

その学校では1年生から育ててきた「この子どもの学び」を中学年以降も生かしていくべきだ、と考えるようになっています。

適切な入学直後のカリキュラムが、幼児期の学びを生かす「学びに向かう」姿を

実現することになり、その実現されたものを小学校低学年のみならず、中学年、高学年、もっと言えば中学校とつないでいくことが、今回の学習指導要領が目指す大きな流れになるということです。

おそらくその基盤になるのは、先ほど提示した「10の姿」になるでしょう。

しかも今回、学習指導要領総則の接続のところに書かれているということは、全国全ての小学校が実施するということになったわけです。

スタートカリキュラムにふさわしい指導計画を、どこの学校においても考え作成し、実施しなければいけない、ということです。

大切なのは、小学校教育をゼロからスタートするのではなく、幼児期の教育の上に積み上げていくということです。幼児期に育まれた力を見取り、生かす指導により、児童が自ら学ぶ力を伸ばしていくことができます。

スタートカリキュラムというと、慣れさせることに重きが置かれてしまいがちでしたが、学校生活に適応するだけでなく、子どもの学びを意識した取り組みが求められます。

第1ステージや第2ステージでも、学校に慣れる、適応するということは常に大事にしてきたわけです。これからは、学校に来て自由遊びをする、幼稚園でやっていることを取り入れる、といったことだけで終わらせず、学びを自覚し、学びに向かう力を伸ばしていくのが第3ステージであると考えています。

## 学びの系統性を把握しよう

ここまで幼小連携のスタートカリキュラムについて考えてきました。

幼児期においては、全てが一体となっている学びは、だんだん生活科を中心に分化していって、次第に教科として独立していくイメージが描けたのではないでしょうか。一体となる学びは、生活科や総合的な学習の時間を中心にして実現します。一方で、教科がだんだん独立し分化していく流れを担います。

もちろん、独立しながら、それぞれにはちゃんと関係や役割があります。それぞれの教育課程における存在意義がはっきりしていくことになります。

小学校に入って分化し生まれた教科の学びは、高校段階になると、再び一体化しようとします。それが、今回の「理数探究」「理数探究基礎」などの新教科・科目と考えることができます。

大学に行けばさらに「学際的」になっていきます。

昔と違って大学も、「○○学部」ではなく「○○△△学部」が多くなりました。学問をベースにしたというよりも、一体となった領域横断のイメージです。

文学部、法学部、教育学部といった1文字、2文字の学部はもともと学問ベースの学部が多いですが、最近は4文字、5文字、6文字といった学部が増えています。かく言う私の学部も「人間開発学部」なのですが、学部名が対象領域的、横断的になってきているな、と感じています。

幼児期から大学まで、さらに社会に出てからも学びはつながっています。幼児期の広く大きな学びが段々細分化していく。それは集約されて束ねられていく。そうした大きなつながりや流れ、ゆるやかな系統性も心にとどめながら、目の前の子どもたちを見つめてほしいと考えています。

スタートカリキュラムは今回のカリキュラム・マネジメントのいちばんわかりやすいモデルケースだとも言える。

入学当初の1か月間程度は、生活科を中心に、各教科等が一体となる時期として行っていくことが考えられる。

ここがポイント

「幼児期の終わりまでに育ってほしい姿」を存分に発揮できるカリキュラムを整備し、さらに学びの自覚を促すことが求められる。

# カリキュラム・マネジメントと評価

## そもそも評価の機能とは？

評価の観点については18ページでも触れましたが、改めて「カリキュラム・マネジメント」の一環としての評価について考えておきたいと思います。

そもそも学習評価は何のためにするのか？

大きく四つあると考えています。

一つ目は、指導と評価の一体化
二つ目が、自己評価能力の育成
三つ目が、説明責任の遂行
四つ目が、カリキュラムの評価

これまで考えていた評価の機能は、どちらかというと前者三つという意識だったと考えています。

一つ目の「指導と評価の一体化」とは、指導は評価の結果を生かしていかなければば意味がないということです。何らかの具体的な子どもの姿の見取りをもとに、指導の改善に向かわなければいけない、という意味での一体化だと考えます。

評価のための評価をしているのでは意味がありません。評価の結果を具体的な指導の改善に変えていくことが大切だと思います。

二つ目の「自己評価能力の育成」とは、自分の学びを自分で評価できるような力を育てることが最終的に重要になってくるということです。

その意味では、評価をしていくこと自体が、教師のためだけの機能ではなくて、子どもたちにも反映され、生きて働くことが大切だということです。

ただ、この自己評価能力に関しては、発達の問題があります。低学年よりも高学年にこそ多くを期待するものと考えたほうがよさそうです。

具体的に言えば、「今日の授業ではこういう姿を目指そう」とか、「今日の授業では最後にこれくらいになりたいね」といった評価規準の共有は、低学年ではむずかしいのではないかと考えています。一方、高学年や中学生になれば、自分たちで目指す姿を明らかにすることができます。そのこと自体が自分の学びを客観視したり、メタ認知したりして、自らの評価能力を高めることにつながるのではないか、ということです。

顕著な例としては、ルーブリックを教師と子どもで作成し、学習活動を行うといった取り組みが挙げられると思います。

三つ目の「説明責任の遂行」とは、評価の結果を、保護者、あるいは地域の方たちに説明していかなければいけない使命があるということです。

評価結果を、より「確かな形」で説明していくことが求められます。

「確かさ」というのは、客観性ということではなくて、妥当性や信頼性があるかどうかと考えています。

客観性という言葉からは、誰が見ても正しい、唯一の、絶対の、といったイメージをもちやすいのですが、現実の評価は、結局は主観の集合体のようなものだと言えるでしょう。

ペーパーテストでさえ、問題をつくった瞬間に主観なわけです。数値化されているからなんとなく客観ぽく見えるのです。

目の前に起きている事実を評価し言語で書いている、文章化されている、と主観ぽく見えるということもあります。

どちらも主観ではありますが、適切な主観が十分に集まってくれば、それは妥当で、信頼度の高いものになるし、ある意味客観に近づくということになるのではないでしょうか。

絶対的な客観というのは、実際のところなかなか生じにくいですが、より信頼度の高い、妥当な評価が行われることが、適切な説明に結び付くことになると捉えています。

この教科では、こんなことを学習して、こういう状況です、ということをきちんと説明できることがいちばん大事で、その説明相手が保護者であったり、家族であったり、あるいは地域の方たちになるのでしょう。そういう機能が評価には求められているのだろう、ということです。

四つ目の「カリキュラムの評価」は、比較的新しい考えかもしれません。これはカリキュラムを評価し、カリキュラムを改善していくということです。

昔はカリキュラムや指導計画をデザインするという意識はあまりなく、教科書をもとにした指導計画を、多くの教師が行っていた時代もありました。自らカリキュラムをデザインすることもなければ、当然その見直しということもなかったのです。今回の「カリキュラム・マネジメント」でカリキュラムをデザインすることになれば、自分たちがつくったカリキュラムが適切かどうかの評価をし、その修正といったものをしなければいけないし、それがＰＤＣＡのサイクルになっていくはずです。

そこに、単元配列表、単元計画のデザインと見直しが入ってきて、教育目標から一連のものとしてつながる。教育課程全体に対する評価が機能するためにはどうしていくか、ということです。

ここに評価の観点を位置付けて、学習の状況を確実に見定めようとしているわけです。

この評価の観点については、今回の学習指導要領では、簡単に言うと4観点から

3観点に組み直していこうということです。

## 評価の観点は「窓口」

そもそもこの評価の観点は、適切な評価を実現するために、あるいは子どもの資質・能力の育ちを教師が見取っていくための、言ってみれば「窓口」のようなものであると思います。

子どもの姿を、こっちから見たり、あっちから見たりすることで、より適切に、期待する資質・能力が育っているかどうかを見取るのが評価の観点であり、これまでの4観点が今回は、いわゆる育成を目指す資質・能力の三つの柱の「知識及び技能」、「思考力、判断力、表現力等」「学びに向かう力、人間性等」の方向で検討されてきたわけです。

ただ、「学びに向かう力、人間性等」はあまりにも大きすぎるため、「主体的に学習に取り組む態度」といった観点の方向で検討が進んでいます。

その意味では、前回の4観点との整合性を整理するならば、「知識・理解」と「技

4観点から3観点に整理された評価の観点

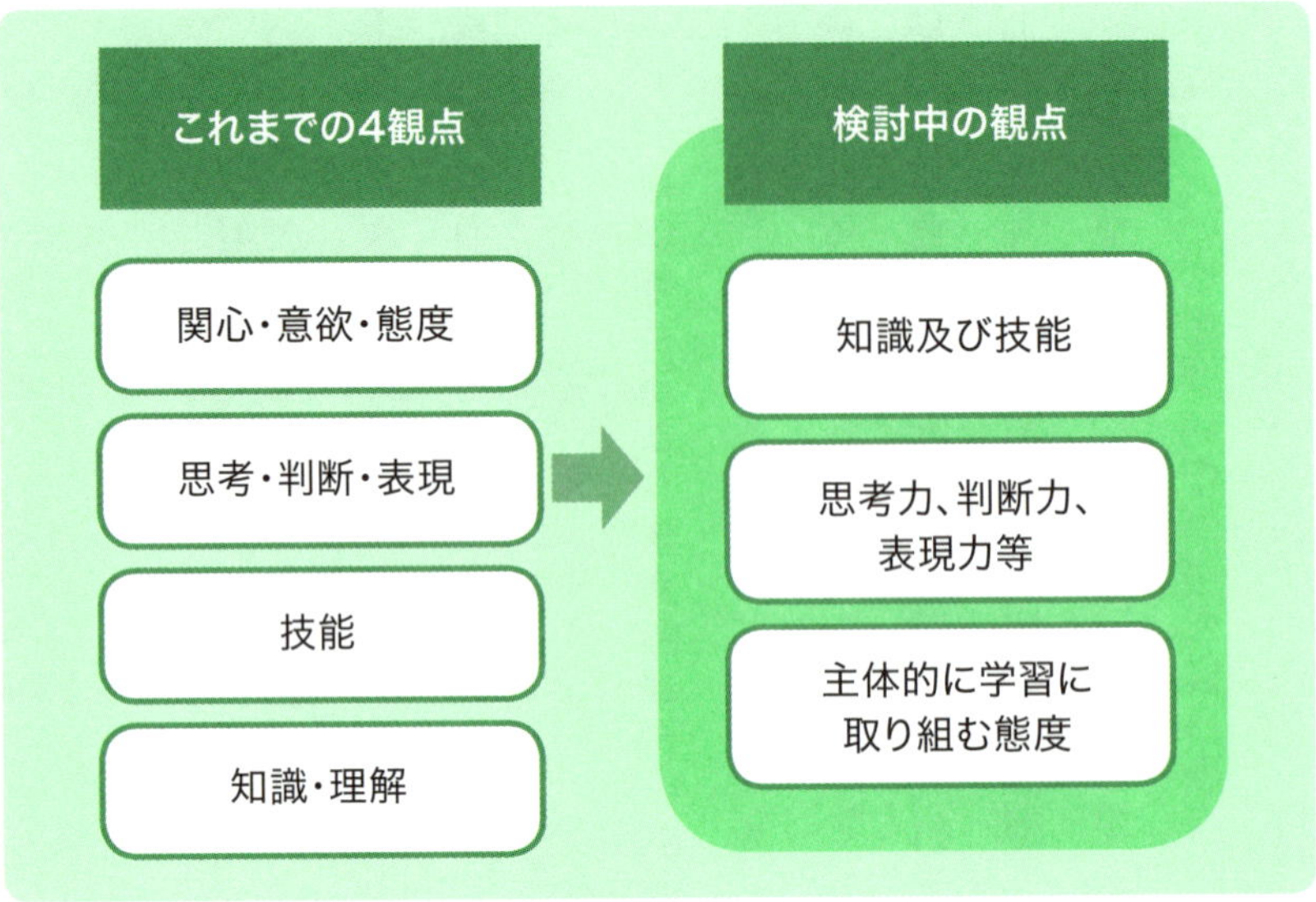


能」が「知識及び技能」になり、「思考・判断・表現」が「思考力、判断力、表現力等」、「関心・意欲・態度」が「主体的に学習に取り組む態度」に整理されてきているということになるでしょう。

18ページでも示した通り、この評価の観点については、これまでは、国語科は5観点、ほとんどの教科は4観点です。

国語科は特殊なつくりなのですが、多くの教科が4観点です。図画工作科、音楽科も若干形式は違うのですが4観点です。

しかし、生活科は3観点です。いわゆる知識にあたる「気付き」、思考・判断・表現にあたる「思考・表現」、そして、主体的に学習に取り組む態度にあたる「学習意欲」の三つで構成されており、生活科の観点はほぼ新しい方向に合致しているということです。

三つの観点に整理されることで、これまでと何が変わってくるかというと、大きく二つあると思っています。

一つ目は、各教科等でバラバラだった観点が、横並びに整理されることによって、教師にとっては評価しやすくなるのではないか、ということです。

二つ目は、入り口と出口が揃ったということです。

評価というのは言ってみれば、学びの結果を見取る出口です。入り口というのは、学びをつくる入り口ですから、学習指導要領になります。

これまでは学習指導要領に示されていたものと、評価の観点で記述していたものが若干違っていたわけです。

これまでは、出口の観点はある程度揃えていたけれど、各教科等の学習指導要領の記述が多様であったため、入り口と違う窓口で評価していたということになります。

今回は、入り口が資質・能力の三つの柱で作成してあり、出口もその三つの観点で見るということですから、入り口と出口が揃っているということになります。ここがポイントです。

教科等で揃い、入り口と出口が揃うことで、いろいろな好ましいことが起きてくるのではないか、と考えています。

その一つ目は、学習指導要領の記述が、これまで以上に、評価規準に資するものになってくるということです。

これまで、学習指導要領に書かれていたものとは別に、評価規準の参考になるものとして国立教育政策研究所が例示を出していました。入り口と出口が揃うということは、学習指導要領に書かれている文言自体が、言ってみれば出口の資質・能力を表しているので、学習指導要領自体がこれまで以上に評価規準の設定に役立つことになると思っています。

学習指導要領に示されていることをベースとして評価規準を設定していくことができるということは、考え方的にも作業的にもとてもわかりやすいことになるのではないか、ということです。

二つ目は、結果的に育成する資質・能力の関連やつながりを、いままで以上に考えやすくなるということです。

どの教科も同じ三つの観点で評価していくということは、そういう力がつかなければいけないという話なのですが、その意味では個別の教科等、例えば社会科で育てようとする「思考力、判断力、表現力等」の思考力といったものが、理科で育てようとする思考力とどれくらい近いのか、といったことがこれまで以上に見えやすくなってくるわけです。

見えやすくなるということは、カリキュラムをデザインするときに、低学年で言えば合科的・関連的に指導すること、高学年で言えば単元配列表などで関連付けを意識することの実現可能性が高まる、ということです。

これまでは、例えば、社会科で育てようとしていた思考力が理科でも同じように位置付けられていたとしても、わかりやすい表記がなされていなかったり、揃っていなかったりすることで、教師が自覚しきれていなかった可能性があります。

今回、学習指導要領（入り口）と、評価規準（出口）が揃えば、指導する教師の意識がかなり変わるのではないか。

「この思考力は、ここにも、あそこにも出てくる」となったり、「この表現する力はここでも発揮されて、あそこでも発揮されている」というようになったりしてくれば、指導する上で厚みを増し、効率的になると思います。

子どもたちにも「あのときやった力がここで発揮されているんだよね」といったことも言えるでしょうし、教師自身も「あそこで育てた力が、いまここで子どもたちが十分発揮しているんだな」という「活用・発揮」の具体的な姿が見えてくるのではないでしょうか。

入り口と出口が揃い、さらに教科等間が揃うことによって、資質・能力が育成された姿、関連付いて「活用・発揮」される姿が「見える化」されてくるものと期待しています。

結果的に単元配列表の充実に結び付くでしょうし、カリキュラムをデザインする際の「活用・発揮」の場面が、単元内のみならず、各教科等全体を俯瞰した状態で生まれやすくなってくるのではないか、と考えています。そして結果的に、資質・能力の育成への取り組みは厚みを増すと同時に、効率化に向かうのではないかと考えます。

いままで曖昧だったがゆえに、もしかすると同じことを何度もやっていたのかもしれません。ところが「この資質・能力の指導は重複しすぎていたかな?」といった話も出てくるかもしれないし、意図的に「やはり何回もやるべきだ!」ということでもいいのですが、いずれにせよ、育成を目指す資質・能力が各教科等を越えて明らかになれば、子どもたちの学びは、ある意味、効率化を図れるのではないでしょうか。

その意味でも、総合的な学習の時間を有効に機能させるべきではないか、と考えています。

総合的な学習の時間を、学校としては各教科等で育成された資質・能力を「活用・発揮」する時間として位置付けてはいかがでしょうか。資質・能力は子どもの中で、インテグレート（統合）され、確かになっていくと期待できると思います。

個別の教科等での学びを、生活現実のある場や環境で生かしていくことで、「国語科の力が使えた」とか、「算数科の学びが役に立った」とか、「社会科の知識が活用できた」となってくれれば、子どもたちの力は現実の場面や状況とも結び付き、教科横断的で自在に活用できるものになっていくと考えています。

## 見えにくいものを見取る評価へ

評価をしていく際に、我々がいままでと違って意識しなければならないこと、あるいは、少し難易度が上がることは、「見えにくいものを見取る」ことが求められるということです。

これまでの評価は、「見えやすいものを見取る」傾向にあったように思います。例えばテストの丸付けというのは、見えやすいものを見ることになるでしょう。

文字が正しく書いてあるとか、計算の数値が合っているとか。これは「見えやすい」ということです。いわゆる「知識の記憶」の正誤といったものは見えやすかったわけです。

ところが、思考力や表現力、主体的に学習に取り組む態度といったものは、見えにくいものを評価することだと思うのです。

見えにくい、よりも「見取りにくい」と言うほうがいいかもしれません。

今度の評価では、「見えにくいものを見る」「見取りにくいものを見取る」ことが求められることになります。そして、おそらくそれが評価の本質なんだと思います。

見えやすいものを表層的に見取っているだけでは、子どもの資質・能力が育ったかどうかはわかりません。

となってくると、この見えにくいものを見取ることができる教師の力量が求められるようになってきます。

見えにくいものを見取るときには、ポイントが三つあります。

一つ目は、空間軸でつないで見取る。

二つ目は、時間軸でつないで見取る。

三つ目は、基本の軸をもって見取る。

一つ目の「空間軸」というのは、例えば1時間の授業の中には、子どもの書いた文字もあれば、発言した言葉もあれば、表情も、振る舞いも、絵もあります。学びの現れは多様にあります。その空間にある現れを関係付けてつなげていくと、その子の思考はこうだったのではないか、とより確かに推論できるということです。

先ほど示した「より妥当で信頼性の高い評価」のためには、現れているものを空間の中で関連付けることで、あの場面でこう語っていた子が、こんなふうに表現をしていて、そこではこんな絵も描いている、といったことが結び付いていくと、「あぁ、こういう思考をしていたんだな」ということを推し測り、示せるのではないかと思います。

例えば、次のような「朝顔の観察カード」を書いた低学年の子どもがいます。「きのう水をあげたから、あさみたらしめっていました。でもかんばんをたてました。」と書いてあります。

水やりをしたら看板を立てるというのがこのクラスの約束で、この子は水をあげなかったけれど看板を立てています。

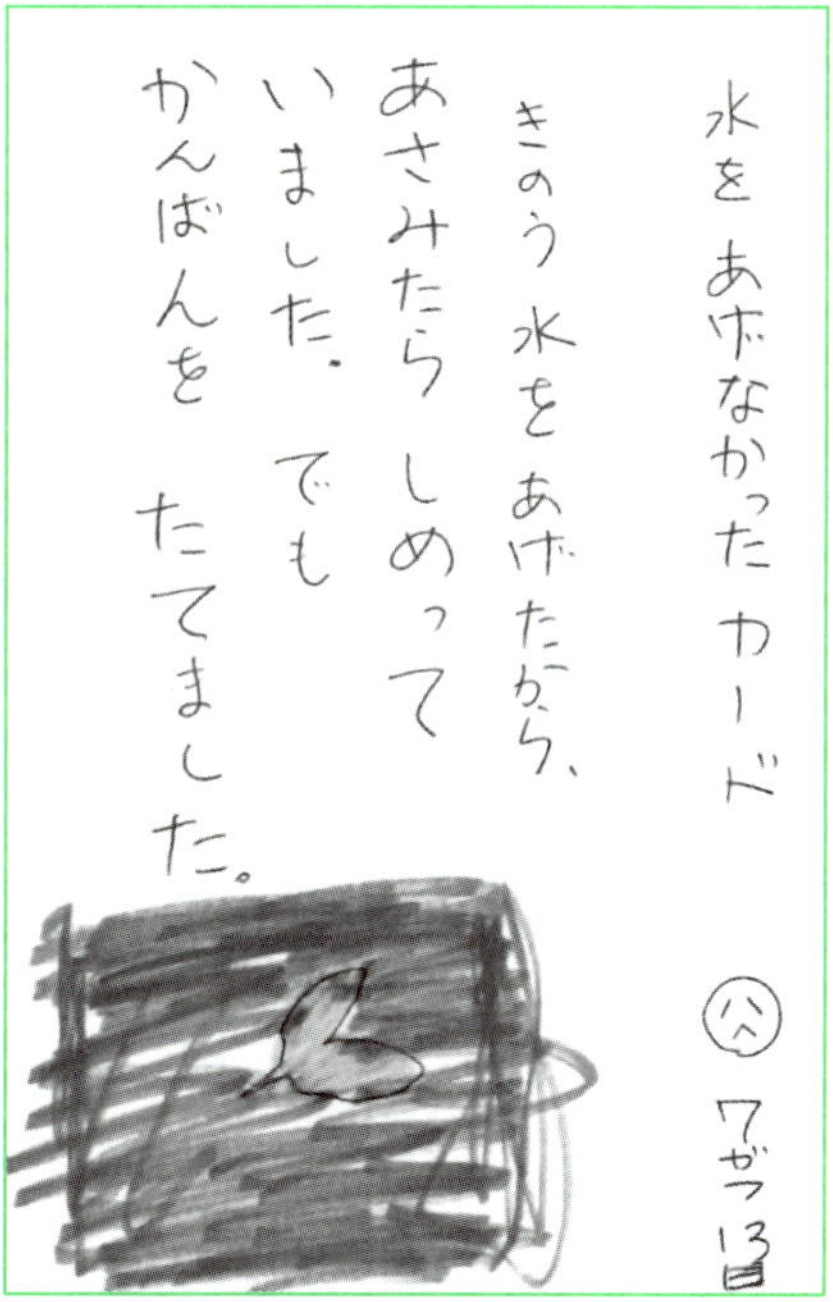


タイトルも「水をあげなかったカード」と、明確に自覚していることがわかります。絵もよくよく様子を確認して描いています。悲しそうな顔のマークも描いています。

低学年の子どもはジョウロで水をあげたくて仕方がない時期です。おそらく、この子も水をあげたかったけれど、あげなかった。なぜかというと、もう十分水が行きわたっているから。…ということは、本来なら自己中心的に水をあげたい低学年だけれども、ちゃんと朝顔のことを考えて、朝顔の立場に立って考えているということが推論できるのではないか。

このようにマークやタイトル、文字や絵を組み合わせていけば、その子の思考がより確かに見えてくる。このことが空間軸でつなぐということです。

二つ目の「時間軸」というのは、子どもが授業中に発言したり、表現したりすることがあったとしても、それに関連することは、その前の前の日にあったかもしれないし、前の日にあったかもしれないし、その日の朝にあるかもしれない。「その瞬間の現れは、時間軸ではこう変遷してきた」といったものがあると思うのです。「ああ言っていた子が、今日の時間ではこう語っている」というように時間でつなぐことで、見えにくいものを見取ることができるということです。

三つ目の「基本の軸をもって」は、教師側の問題です。どのような思考力を発揮しているかを見取るには、「今日の授業では、こんな思考力を発揮してほしい」という姿を、教師自身が明らかにしていないと、何も見取ることはできないということです。

「こうなってほしい」というものがあってこそ、目の前の子どもの姿を「ああ、そうだ」とか「ちょっと違うな」と判断できることになるのだと思います。

つまり、基準となる「期待する子どもの姿」を明確に描いていれば、その適切さや実現の有り様の確かさが判断でき、自ずと見えてくるのではないかと思います。

「空間軸」「時間軸」「基本の軸」をもって見る。私はそれを嶋野道弘先生から「広い目、長い目、基本の目」と教わりました。

こうした評価は、幼児教育や低学年の生活科が得意としていたことです。なぜかというと、ペーパーテストでは判断ができないからです。

ペーパーテストが使えてしまうと、テストで何点取れたら、といった評価ができますが、さすがに幼児の遊びをテストで評価することはできませんし、生活科の授業をテストすることもできません。結果的に見えにくいものを見取る努力をしてきたわけです。

その見取る努力、具体的な方法が先に示した三つです。見取るための教師の視点、スキルが必要です。この三つは、どの教科でも同じでしょう。小学校、中学校、高等学校に共通しているものだとも思います。

同じ授業を参観していても、子どもの学びを表面的にしか見取れない人もいれば、丁寧に子どもの姿を捉え、その子の学びを類推できる教師もいます。

経験則的に言えば、やはり力のある教師は、子どもの様子を見取り、豊かに語ることができます。

「あの子は今日、こんな場面でこんなふうにしていてこうだったのよ」といったように。

見えにくいものを見取ることができるようになってくると、授業中の子どもの思いもかけない良さとか、一人ひとりの素晴らしい発想とか、私たち教師が予想もしていない子どもの個性や才能がたくさん見えてくるようになります。

いままで見過ごしたり、見逃したりしていた子どもの良さが見えるようになることは、おそらく教師にとっては大変好ましく、よいことだと思います。

「ああ、あの子はこういういいところがあるんだ」「あの子ってこんなことを考えているんだ」「あの子ってこんなにやる気があるんだ」という姿が見えてくればくるほど、おそらく授業をしている教師にとっては、嬉しく、楽しく、できることがあればもっと頑張ってみようということになるのです。その意味では、見えにくいものを見取る、見えにくいものがよく見えるようになってくれば、おそらく教師の授業に対するモチベーションも高まっていくのではないか、と思っています。

ここまで示してきたことは、今回の学習指導要領改訂の中で論点整理に出てきた「学習者としての子どもの視点に立つ」という考え方につながるものです。教師にとって都合のいい、一方的な評価ではなくて、学び手としての子どもたちが、どのように学んでいるかを丁寧に、着実に見取っていくことが、資質・能力の育成にもつながります。同時にそれは、教師にとっても新しい発見や喜びにつながっていくものではないかと思います。

資質・能力が、一人ひとりの子どもに確かに育成されているかどうかを評価することについて、評価の機能を確認し考えてきました。そして、評価の観点が変わることの意義や価値を検討してきました。また、具体的な評価の方法について、事例を交えてポイントを押さえてきたわけです。

資質・能力の育成状況を把握することができ、その原因を明らかにすることができれば、多くの子どもに確実に、資質・能力を育てていくことにつながるはずです。それは指導の改善であり、カリキュラムを改善するＰＤＣＡサイクルです。学習評価と「カリキュラム・マネジメント」とは、深く関係しているのです。

◎「指導と評価の一体化」「自己評価能力の育成」「説明責任の遂行」「カリキュラムの評価」

◎入り口と出口が揃い、教科等間が揃ったことによる「見える化」に期待。

◎見えにくいものを見取ることができるようになれば、教師の授業に対するモチベーションも高まっていく。

ここがポイント

社会で活用できる資質・能力を育成していくためには、「アクティブ・ラーニング」の視点による授業改善とともに、「カリキュラム・マネジメント」の充実が必要です。

なぜなら、「主体的・対話的で深い学び」を授業において実現し、資質・能力を育成していくためには、その1時間がどのような単元に位置付いているかという単元の構成、単元計画を抜きにして考えることはできないと思っているからです。

また、その単元は、どのような年間の位置付けになっているかという年間指導計画を知らずして考えることもむずかしいのではないかと思っているからです。

加えて言えば、そうした1時間の授業や単元計画、年間指導計画が、全ての教科等においてどのように配列され構成されているかを俯瞰する単元配列表を知ることなく語ることもむずかしいと考えています。

さらには、そうしたカリキュラムが、どのような学校の教育目標を受け止め、教育目標とどのようにつながっているのかを考えなければならないのは当然のことではないでしょうか。

いままさに、いかにカリキュラムをデザインしていくかが問われており、そのことが「カリキュラム・マネジメント」の核心と考え、本書の作成に立ち向かってきました。

カリキュラムをデザインすることの価値としては、子どもの学びを俯瞰し、資質・能力を「活用・発揮」する機会を頻繁に用意できることを記してきました。そのことに加えて、次のような良さも考えることができます。

それは、教師間の連携やチームワークの向上です。校内の教師集団が協働的になり、他の学年や学級、他教科等の学びへの理解が進んでいくことが考えられます。結果的に、地域の教材を授業に使用したり、地域の人材が教育活動に参画したりすることが生まれ、地域との連携も深まり、「社会に開かれた教育課程」の実現にもつながります。

一方で、「カリキュラム・マネジメント」を行うことで、教師の負担が増えることも危惧されます。教師間のコミュニケーションの時間が必要になり、新しい資料の作成も求められることなどから、ある程度の負荷がかかることが予測されます。この負担感を、どのように和らげるかも重要なポイントです。実施計画の立案や条件整備、環境づくりなどの日常化や効率化をはじめ、適切かつ斬新なアイディアが求められます。

トップリーダーやミドルリーダー、全ての教職員が、新しい発想で教育活動に取り組み、効果的なタイムマネジメントを行うことも必要です。デザインしたカリキュラムを適切に運用し、成果を上げていくには、学校を組織としてマネジメントしていく意識も欠かせないのです。

教え手である教師が、学び手である子どもたちの視点に立つこと。カリキュラム・マネジメントは子どもの目線から「学びの地図」を描こうとすることであり、一人の学び手がどのような学びをしているかを幅広く捉え、成長を確かに見届けることでもありました。同時に、学校を組織体として認識し、内外の資源を有効に活用することも求められているはずです。

そのことは教師目線に偏りがちだった指導の姿が、子ども重視のものに転換していくことであり、学校という組織をこれまで以上に意識的に経営していくことでもあります。

今後の教育課程全体に視野を広げるならば、知識の習得などについては、一人ひとりの子どもに対応した個別最適化の方向に進むことが想像できます。一方で、より主体的で、より協働的、より社会に開かれた方向に向かうことも想像できます。学校という社会資本のもつ意味と価値が問われていることになるのです。

これまでのイメージとは異なる学校の存在理由が求められていると考えることもできます。そうした中で、各学校に応じたカリキュラムをデザインし、カリキュラムをマネジメントすることの意味はますます大きくなっていくことでしょう。

本書が、新しい時代の学校を創造し、実現していくためのヒントになれば幸いです。

最後に、本書の作成にあたり、文溪堂の野田智子さんから大きな支えをいただきました。私一人では、このような形にまとめることができませんでした。深くお礼を申し上げます。

2019年3月吉日　田村　学

## 参考文献

文部科学省（2008）『小学校学習指導要領（平成20年告示）解説　生活科編』東洋館出版社
文部科学省（2017）『小学校学習指導要領（平成29年告示）』東洋館出版社
文部科学省（2017）『小学校学習指導要領（平成29年告示）解説　総則編』東洋館出版社
文部科学省（2017）『小学校学習指導要領（平成29年告示）解説　生活科編』東洋館出版社
文部科学省（2017）『小学校学習指導要領（平成29年告示）解説　総合的な学習の時間編』東洋館出版社
文部科学省（2017）『幼稚園教育要領（平成29年告示）』フレーベル館
文部科学省（2018）『幼稚園教育要領（平成30年告示）解説』フレーベル館
中央教育審議会（2015）『教育課程企画特別部会　論点整理』
中央教育審議会（2016）『幼稚園、小学校、中学校、高等学校及び特別支援学校の学習指導要領等の改善及び必要な方策等について（答申）（平成28年12月21日）』
読売新聞（2017年8月11日）『アンドレアス・シュライヒャー氏インタビュー記事』
田村学（2017）『カリキュラム・マネジメント入門』東洋館出版社
田村学（2018）『深い学び』東洋館出版社
国立教育政策研究所（2015）『スタートカリキュラムスタートブック』
国立教育政策研究所（2018）『発達や学びをつなぐスタートカリキュラム』
大分県教育委員会（2018）『学校全体で組織的に進めるカリキュラム・マネジメント』
(https://www.pref.oita.jp/uploaded/attachment/2031799.pdf)

## 著者紹介

國學院大學　人間開発学部初等教育学科教授

# 田村《たむら》 学《まなぶ》

新潟県出身。新潟大学卒業後、新潟県公立小学校教諭、上越教育大学附属小学校教諭、新潟県柏崎市教育委員会指導主事、文部科学省初等中等教育局教育課程課教科調査官・国立教育政策研究所教育課程研究センター研究開発部教育課程調査官を経て、2015年４月より文部科学省初等中等教育局視学官。2017年４月より現職。生活科と総合的な学習の時間を中心に考えながら、授業づくりやカリキュラムのデザインの研究に携わっている。著書に『授業を磨く』、『カリキュラム・マネジメント入門』、『生活・総合「深い学び」のカリキュラム・デザイン』、『深い学び』（東洋館出版社）、『「探究」を探究する　本気で取り組む高校の探究活動』（学事出版）、『深い学びを育てる思考ツールを活用した授業実践』（小学館）、ほか多数。

編集協力：池田直子（株式会社 装文社）
デザイン・DTP：有限会社 野澤デザインスタジオ
写　真：佐藤正三（株式会社 スタジオオレンジ）

**「深い学び」を実現する
カリキュラム・マネジメント**

2019年３月　第1刷発行
2023年４月　第3刷発行

著　者　田村 学
発行者　水谷泰三
発行所　株式会社文溪堂
東京本社／東京都文京区大塚 3-16-12　〒112-8635
TEL（03）5976-1311（代）
岐阜本社／岐阜県羽島市江吉良町江中 7-1　〒501-6297
TEL（058）398-1111（代）
大阪支社／大阪府東大阪市今米 2-7-24　〒578-0903
TEL（072）966-2111（代）
ぶんけいホームページ　https://www.bunkei.co.jp/

印刷・製本　図書印刷株式会社



ISBN 978-4-7999-0319-3　NDC375　200P　210mm × 148mm
落丁本・乱丁本はお取り替えします。定価はカバーに表示してあります。